on Branding

A112b   Aaker, David.
           On branding : 20 princípios que decidem o sucesso das marcas / David Aaker ; tradução: Francisco Araújo da Costa ; revisão técnica: Genaro Viana Galli. – Porto Alegre : Bookman, 2015.
           xii, 195 p. : il. ; 23 cm.

           ISBN 978-85-8260-304-8

           1. Marketing - Marcas. I. Título.

           CDU 658.8

Catalogação na publicação: Poliana Sanchez de Araújo – CRB 10/2094

David **Aaker**
on Branding

20 princípios que decidem o sucesso das marcas

Tradução:
Francisco Araújo da Costa

Revisão técnica:
Genaro Viana Galli
Diretor de Pós-graduação e Extensão da ESPM-Sul
Consultor de branding

2015

Obra originalmente publicada sob o título
Aaker on Branding: 20 Principles that Drive Success
ISBN 978-1-61448-832-3

© 2014 David Aaker. Todos os direitos reservados.

Gerente editorial: *Arysinha Jacques Affonso*

Colaboraram nesta edição:

Editora: *Mariana Belloli*

Capa: *Paola Manica*

Leitura final: *Silvana Silva*

Editoração eletrônica: *Techbooks*

Reservados todos os direitos de publicação, em língua portuguesa, à
BOOKMAN EDITORA LTDA., uma empresa do GRUPO A EDUCAÇÃO S.A.
Av. Jerônimo de Ornelas, 670 – Santana
90040-340 – Porto Alegre – RS
Fone: (51) 3027-7000   Fax: (51) 3027-7070

É proibida a duplicação ou reprodução deste volume, no todo ou em parte, sob quaisquer formas ou por quaisquer meios (eletrônico, mecânico, gravação, fotocópia, distribuição na Web e outros), sem permissão expressa da Editora.

Unidade São Paulo
Av. Embaixador Macedo Soares, 10.735 – Pavilhão 5 – Cond. Espace Center
Vila Anastácio – 05095-035 – São Paulo – SP
Fone: (11) 3665-1100   Fax: (11) 3667-1333

SAC 0800 703-3444 – www.grupoa.com.br

IMPRESSO NO BRASIL
PRINTED IN BRAZIL

O autor

David Aaker é vice-presidente da Prophet Brand Strategy e professor emérito de Estratégia de Marketing na Berkeley-Haas School of Business. Recebeu três prêmios pelo conjunto da obra, por sua contribuição à ciência do marketing (Paul D. Converse Award), à estratégia de marketing (Vijay Mahajan Award) e à teoria e prática do marketing (Buck Weaver Award). Aaker publicou mais de 100 artigos e 17 livros que venderam mais de 1 milhão de exemplares e foram traduzidos para 18 idiomas, incluindo *Managing Brand Equity*, *Construindo Marcas Fortes*, *Como Construir Marcas Líderes* (em coautoria com Erich Joachimsthaler) *Estratégia de Portfólio de Marcas*, *From Fargo to the World of Brands*, *Abaixo os Silos*, *Administração Estratégica de Mercado*, *Relevância de Marca: Como deixar seus concorrentes para trás* (incluído em três listas de melhores livros em 2011) e *Three Threats to Brand Relevance*. Escolhido um dos cinco gurus de marketing/administração em 2007, o professor Aaker recebeu prêmios de melhor artigo na *California Management Review* e (duas vezes) no *Journal of Marketing*. Uma referência respeitada na área de estratégia de marca, Aaker trabalha como consultor e palestrante ao redor do mundo. Colunista da *Marketing News*, publicação da American Marketing Association (AMA) e da *absatzwirtschaft*, na Alemanha, posta textos regularmente nos blogs hospedados nos sites davidaaker.com e HBR.org. Seu endereço no Twitter é @davidaaker. David Aaker mora em Orinda, Califórnia, e adora andar de bicicleta e jogar golfe.

À minha esposa, Kay,
e às minhas filhas, Jennifer, Jan e Jolyn, e às suas famílias.
Elas me apoiam e me inspiram.

Agradecimentos

Este livro é o resultado de duas décadas e meia de trabalho com marcas e construção de marcas. Durante esse período, trabalhei e fui influenciado por muitas pessoas inteligentes. Mencionarei algumas delas a seguir como exemplo, mas poderia incluir muitas mais. Entre os acadêmicos estão Jennifer Aaker, Toshi Akustu, Roberto Alvarez, George Day, Susan Fournier, Bob Jacobson, Erich Joachimsthaler, Jean-Noel Kapferer, Kevin Keller, Rich Lyons e Doug Stayman. Os profissionais incluem pessoas como Stuart Agris, Don Bruzzone, Katy Choi, Ted Hirose e outros membros da equipe Dentsu, Jerry Lee, Larry Light, Jim Stengel, Joe Tripodi, Peter Sealey e Bill Wells.

Muitas das minhas ideias foram criadas ou aperfeiçoadas por meus colegas na Prophet, a consultoria global de marcas e marketing à qual estou associado desde 1999. Gostaria de agradecer ao CEO Michael Dun por seu apoio e amizade, e a Scott Davis, Andy Pierce e Rune Gustafson por sua inspiração. Paul Wang, Scott Drummond, Kurk Texter e Nick Watts ajudaram a criar as imagens. Amanda Nizzere foi minha parceira no marketing do livro, com o apoio de John Baglio. Ryland Devero e Karen Woon me ajudaram em minhas palestras e blogs, fontes do conteúdo e energia a este projeto.

É um prazer trabalhar com meus colegas na Morgan-James, que substituem o estresse no processo por confiança, criatividade e diversão. David Hancock é culto, perspicaz e uma grande fonte de apoio. É um prazer trabalhar com ele. Rick Fishman e Jim Howard deram conselhos úteis em momentos críticos. Lyza Poulin executou a coordenação com um estilo incansavelmente positivo e alegre. Minha editora, Lisa Zuniga, certamente elevou a qualidade deste livro.

Sumário

Introdução   Por que este livro?   1

Parte I   **Reconheça que marcas são ativos estratégicos**   **5**
    1 Marcas são ativos que determinam a estratégia   7
    2 Ativos de marca têm valor real   15

Parte II   **Tenha uma visão de marca poderosa**   **23**
    3 Crie uma visão de marca   25
    4 Uma personalidade de marca estabelece uma conexão   35
    5 A organização e seu diferencial de propósito maior   43
    6 Vá além dos benefícios funcionais   52
    7 Crie "itens obrigatórios" que tornem os concorrentes irrelevantes   59
    8 Para ser dono de uma inovação, dê uma marca a ela   67
    9 Do posicionamento da marca ao enquadramento da subcategoria   74

Parte III	Dê vida à marca	81
	10 De onde vêm as ideias de construção de marca?	83
	11 Foco nos *sweet spots* do cliente	91
	12 Digital: uma ferramenta decisiva de construção de marca	101
	13 A consistência vence	111
	14 Gestão de marcas interna: um ingrediente fundamental	117

Parte IV	Mantenha a relevância	125
	15 Três ameaças à relevância de marca	127
	16 Energize sua marca!	135

Parte V	Gerencie seu portfólio de marcas	143
	17 Você precisa de uma estratégia de portfólio de marcas	145
	18 Extensões de marca: o bom, o mau e o feio	155
	19 Extensões de marca verticais têm riscos e recompensas	164
	20 Organizações em silos inibem a construção de marcas	172

Epílogo	10 desafios de gestão de marcas	181
Notas		183
Índice		189

Introdução

Por que este livro?

O que é uma marca? Muito mais do que um nome e um logo, ela é a promessa de uma empresa ao cliente de concretizar aquilo que ela simboliza em termos de benefícios funcionais, emocionais, de autoexpressão e sociais. Mas uma marca é mais do que uma promessa. Ela também é uma jornada, uma relação que evolui com base em percepções e experiências que o cliente tem todas as vezes que estabelece uma conexão com a marca.

As marcas são poderosas. Elas funcionam como o núcleo de um relacionamento com o cliente, de uma plataforma para opções estratégicas e de uma força que afeta aspectos financeiros, incluindo o retorno sobre as ações. Considere as marcas mais atraentes do mercado e suas "essências" de marca. A marca Google está associada a competência e domínio em mecanismos de busca e muito mais, a Harley-Davidson a benefícios emocionais e de autoexpressão, a IBM a serviços de informática competentes e orientados para soluções, a Singapore Airlines a serviço de qualidade especial, a Mercedes a quem valoriza o que há de melhor, a American Express a alta satisfação do cliente e a capacidade de conexão por meio de programas digitais e a Patagonia a sustentabilidade. A força dessas marcas levou à fidelidade dos clientes, ao sucesso nos negócios, à resiliência diante de problemas com produtos e à base para entrar em novos produtos ou mercados.

Além disso, as marcas e a estratégia de marca são simplesmente interessantes e divertidas. Não raro o CEO aloca meia hora para uma sessão de estratégia de marca e acaba passando horas mergulhado nela, e na saída afirma que não se divertia tanto no trabalho há meses. É fascinante saber quais posicionamentos de marca têm sucesso, quais programas de construção de marca obtêm tração, como uma marca é alavancada com sucesso em novos mercados e assim por diante. A criatividade e a diversidade na estratégia de marca podem ser fontes infinitas para conversas e debates.

Um dos objetivos deste livro é fornecer uma apresentação extremamente compacta de vários dos conceitos e práticas mais úteis na área de gestão de marca, organizados nos "20" princípios essenciais. Esses princípios oferecem um entendimento amplo das marcas, estratégia de marca, portfólios de marcas e construção de marcas que todos os estrategistas de negócios, de marketing e de marcas precisam conhecer. Esta apresentação sobre os princípios de gestão de marca deve ser útil para quem deseja reciclar seu conhecimento e também para aqueles sem formação na área e que gostariam de se atualizar rapidamente sobre o tema.

Um segundo objetivo é fornecer um mapa para a criação, aprimoramento e alavancagem de marcas fortes. Quais os passos necessários para criar marcas fortes? Quais as opções encontradas pelo caminho? Como um estrategista eleva uma marca ou portfólio de marcas, transformando um problema estratégico em fonte de força para a organização? Seja qual for o negócio, é crucial entender como estabelecer uma visão de marca (também chamada identidade de marca), implementar essa visão, manter a marca forte diante de concorrentes agressivos e mercados dinâmicos, alavancar a força de marca resultante e administrar adequadamente o portfólio de marcas de modo que gere sinergia, clareza e alavancagem.

A gestão de marca é complexa e idiossincrática. Cada contexto é diferente. Em suma, nem todos os 20 princípios se aplicam sempre, mas ainda oferecem uma lista de estratégias, perspectivas, ferramentas e conceitos que representam aquilo que você deveria saber e, mais ainda, as diversas opções de ação que pode considerar. Esses princípios fortalecerão o objetivo de criar e manter marcas fortes e duradouras e portfólios de marca coerentes que apoiarão as estratégias de negócios no futuro.

Os 20 princípios descrevem conceitos e práticas extraídas em parte de meus últimos oito livros. Seis deles tratam sobre gestão de marcas: *Managing Brand Equity, Construindo Marcas Fortes, Como Construir Marcas Líderes* (com Erich Joachimsthaler), *Estratégia de Portfólio de Marcas, Relevância de*

Marca: Como deixar seus concorrentes para trás e *Three Threats to Brand Relevance*. Os outros dois, *Abaixo os Silos* e *Administração Estratégica de Mercado*, abrangem áreas correlatas. Os princípios também se alicerçam em meus outros textos, especialmente o blog semanal davidaaker.com iniciado no outono de 2010, meus posts no blog da HBR.org, minhas colunas em *Marketing News* da AMA e na *absatzwirtschaft* alemã e artigos publicados em *California Management Review*, *Harvard Business Review*, *Journal of Brand Strategy* e *Market Leader*, entre outras.

A ideia deste livro é consolidar a literatura do campo de gestão de marcas e ensinar ou revisar de modo eficiente as melhores práticas da disciplina. Com mais de 2.300 páginas, meus oito livros já são demais para muita gente. Quando adicionamos as dezenas de outros livros sobre marcas que encontramos nas prateleiras e diversas revistas acadêmicas dedicadas à gestão de marcas, o resultado é uma grande sobrecarga de informações. É difícil saber o que ler e quais conceitos adaptar. Como em tudo mais na vida, várias boas ideias competem com outras que são inferiores, desatualizadas ou sujeitas a interpretações e aplicações equivocadas. Outras ideias, apesar de plausíveis, são simplesmente erradas (quando não são perigosas), ainda mais quando interpretadas de maneira literal.

Os capítulos deste livro não precisam ser lidos em ordem, mas vale a pena revisar os dois primeiros antes de qualquer outro, pois são fundamentais para o conceito de gestão estratégica de marcas. Depois deles, você pode folhear os capítulos restantes e identificar aqueles relacionados às dificuldades do momento. Outra opção é ler os capítulos que o deixarem intrigado, parecerem provocantes ou forem possíveis fontes de novas perspectivas.

A seguir, explico como dividi o livro tematicamente:

Parte 1: Reconheça que marcas são ativos com valor estratégico. A ideia revolucionária que mudou o marketing há mais de duas décadas é que as marcas são ativos estratégicos. As marcas são plataformas para o sucesso futuro e criam valor corrente para a organização. Assim, a construção de marcas é estratégica, muito diferente dos esforços táticos que estimulam as vendas.

Parte 2: Tenha uma visão de marca poderosa que orienta e inspira. Uma visão de marca deve tentar ir além dos benefícios funcionais e considerar os valores organizacionais; um propósito maior; a personalidade de marca; e os benefícios emocionais, sociais e de autoexpressão. Procure oportunidades de criar e se apropriar de inovações que os clientes consideram "itens obrigatórios" e posicionar categorias e subcategorias, não apenas marcas.

Parte 3: Dê vida à visão de marca. Crie iniciativas e programas de construção de marca que apoiem a marca. Procure os *sweet spots* do cliente, as áreas nos quais estão interessados ou até apaixonados, e desenvolva programas em torno deles, usando a marca como parceira. Deixe que os programas digitais liderem ou amplifiquem. Batalhe para manter a consistência da visão e execução de marca no longo prazo. Desenvolva uma gestão de marcas interna rica e forte, ligada aos valores e cultura da organização, em parte por meio de histórias.

Parte 4: Mantenha a relevância. Reconheça e responda às três ameaças à relevância e aprenda como energizar a marca.

Parte 5: Gerencie e alavanque o portfólio de marcas. Crie uma estratégia que identifique funções de marca (como marcas estratégicas ou endossantes), alavanque a marca em novos campos de produtos, analise os riscos e opções das extensões de marca verticais e administre as unidades organizacionais em silos, nos quais as marcas abrangem produtos e países.

Em suma

Serão positivos os efeitos sobre a marca se for possível desenvolver um propósito maior que oriente as ações de marketing. Este livro, assim como meus outros livros sobre marcas, também tem um propósito maior. Seu objetivo é promover a teoria e a prática da gestão de marcas e, por consequência, a prática da administração de negócios e organizacional. Seu propósito é dar aos estrategistas de marketing uma arma para combater a dominância dos fatores financeiros de curto prazo na gestão empresarial. É preciso haver motivação para promover ativos de marcas estratégicos que criarão as plataformas para o sucesso futuro. Espero que este livro ajude nessa missão.

Parte I

Reconheça que marcas são ativos estratégicos

Capítulo 1

Marcas são ativos que determinam a estratégia

A marca é o rosto de uma estratégia de negócios.
— **Ditado na Prophet**

Em algum momento no final da década de 1980, surgiu uma ideia explosiva: marcas são ativos, têm patrimônio e determinam o desempenho e a estratégia do negócio.

Imaginar as marcas como ativos deu início a uma sequência de mudanças drásticas e profundas, alterando percepções sobre marketing e gestão de marcas, como as marcas são avaliadas e administradas e o papel dos executivos de marketing. As empresas que adotaram e souberam implementar essa visão viram a construção de marca passar de um esforço tático que podia ser delegado com segurança à equipe de comunicação para um fator crucial da estratégia de negócios.

Foi a ideia certa na hora certa. Uma massa crítica de executivos acreditava que as grandes marcas de seus portfólios tinham visão ou força inadequadas para apoiar a estratégia de negócios, mas não acreditavam mais que a solução estava em pequenos ajustes nas ações de comunicação. A menos que a organização possuísse ativos de marca que possibilitassem a estratégia de negócios e fossem ao encontro dos clientes, a estratégia estava praticamente fadada ao fracasso. Essa visão era especialmente clara entre os executivos que administravam estratégias de mudança. O resultado final? Cada vez mais executivos foram percebendo que a gestão tática de marcas era inadequada, que suas organizações tinham necessidade de adotar visões de marca determinadas por estratégias, aliadas a processos e habilidades organizacionais que implementassem essa visão.

A aceitação do conceito de "marca como ativo" foi fortalecida pelo fato de que a crença dominante, de que a principal função do marketing de marca era estimular as vendas, tinha fracassado em diversos contextos. Nos bens de consumo, havia a experiência desastrosa no início da década de 1980, estimulada pelo advento dos dados recolhidos em ponto de venda em tempo real. Esses dados permitiam experimentos que demonstravam, sem dúvida alguma, que promoções de preço, como descontos de 20% e "pague um leve dois", eram incrivelmente eficazes na geração de vendas. O resultado natural foi uma explosão de programas de preço que ensinaram os consumidores a esperar pela próxima oferta e não comprar pelo preço normal. O preço se tornou um fator motivador de compra importante e a diferenciação de marca despencou. Marcas como a Kraft levaram anos para recuperar seu *brand equity* (literalmente, patrimônio líquido de marca) e sua base de clientes fiéis.

Os executivos também viram que os ativos de marca eram necessários para criar crescimento sustentável. A ideia se tornou obrigatória para muitas empresas, pois os programas de redução de custos haviam ultrapassado o ponto dos retornos decrescentes e perdido sua capacidade de afetar significativamente a rentabilidade. A maneira mais eficaz de gerar crescimento, ou seja, criar uma nova oferta inovadora, exigia a capacidade de desenvolver uma nova marca ou adaptar uma existente para apoiar a nova oferta. Além disso, as estratégias de extensão de marca, como estender uma marca mestre existente para novos produtos ou para segmentos econômicos ou *superpremium*, seriam viáveis apenas se os ativos de marca fossem desenvolvidos e gerenciados estrategicamente, mantendo opções de extensão futura em mente.

A visão da marca como ativo tinha validade aparente e apoio quantitativo. A validade aparente vinha da percepção de que, especialmente em contextos de serviço e B2B, os clientes estavam tomando decisões de compra e avaliando sua experiência de uso com base em elementos de marca que iam além do preço e dos atributos funcionais. O apoio quantitativo se baseava em esforços centrados em dados que demonstravam que as marcas tinham muito valor com ativos, tornando o novo paradigma atraente para CEOs e CFOs.

O mundo acadêmico também teve seu papel na elevação das marcas ao *status* estratégico, estimulado pela influência da conferência sobre marcas, organizada em 1988 pelo Marketing Science Institute (MSI), um consórcio de empresas que financia e orienta pesquisas acadêmicas. A conferência permitiu que os altos executivos de marketing comunicassem a necessidade de elevar a marca ao nível estratégico. Depois dessa conferência, a pesquisa sobre *brand equity* se tornou prioridade na academia. Houve uma aceleração nas pesquisas acadêmicas sobre decisões de extensão de marca, quantificação do impacto das marcas no desempenho financeiro, refinamento de ferramentas relevantes (como a mensuração da personalidade de marca) e conceitualização do *brand equity*.

Foi uma confluência de ideias, exatamente na hora certa. Contudo, a explosão de interesse e mudança organizacional não impactou imediatamente em todos os setores e empresas. Muitas organizações demoraram a se juntar ao movimento, em especial aquelas nas quais os pontos fortes do marketing não tinham posição de destaque e/ou que eram altamente decentralizadas. Além de aceitar a mensagem, um obstáculo importante era a dificuldade da implementação em si. No entanto, a disposição das empresas de adotar a visão da marca como ativo e, igualmente importante, sua capacidade de implementar a nova perspectiva cresceram sem interrupções desde então, provando que essa ideia não é um mero modismo no mundo da gestão empresarial.

As consequências foram, e continuam a ser, extraordinárias.

Do tático ao estratégico

Um antigo paradigma dominante afirmava que a gestão de marcas era tática. A gestão de marcas é algo que pode ser delegado em parte a um gerente ou agência de publicidade, pois se trata principalmente de gerenciar a imagem, criar campanhas publicitárias, administrar uma estratégia de distribuição, desenvolver promoções de vendas, apoiar a equipe de vendas, acertar a embalagem e outras tarefas do tipo.

Quando as marcas são consideradas ativos, a função da gestão de marcas muda radicalmente, passando do tático e reativo ao estratégico e visionário. Uma visão de marca estratégica ligada a estratégias de negócios atuais e futuras e que oferece diretrizes para ofertas e programas de marketing futuros se torna elemento obrigatório. A gestão de marcas também se torna mais ampla, abrangendo questões como *insights* de mercado estratégicos, o incentivo a "grandes" inovações, estratégias de crescimento, estratégias de portfólio de marcas e estratégias de marcas globais.

A função de marketing é elevada

Com uma visão estratégica, a marca precisa ser gerenciada por indivíduos mais graduados na organização, muitas vezes o principal profissional de marketing da empresa e seus colegas executivos. Em organizações centradas no marketing, nos quais esse talento está no alto da hierarquia, o grande defensor da marca será um alto executivo, possivelmente o CEO. Quando a marca representa a organização, como acontece com frequência em empresas de serviços e B2B, o CEO muitas vezes se envolve no processo de dar vida à marca, pois, nesse caso, além da estratégia de negócios, a marca está interligada com a cultura e os valores organizacionais.

Atualmente, o marketing participa das discussões estratégicas, da criação e da administração da estratégia de negócios. A elevação das marcas e de sua construção a fator crítico da estratégia de negócios oferece um ponto de entrada para a equipe de marketing. Depois de posicionado, o marketing tem muito a oferecer ao desenvolvimento de estratégias de negócios, a começar por *insights* de clientes que podem e devem permitir iniciativas de crescimento e se tornar a base da alocação estratégica de recursos. Além disso, a alma da estratégia de negócios é a segmentação do mercado e a proposição de valor para o cliente, ambos influenciados pela equipe de marketing.

Foco no *brand equity*

Desviar a ênfase que antes estava em medidas táticas, como promoções de vendas de curto prazo, para medidas estratégicas de *brand equity* e outros indicadores de desempenho financeiro de longo prazo é uma mudança monumental. A premissa fundamental é que marcas fortes podem embasar a vantagem competitiva e a rentabilidade de longo prazo. Um dos objetivos principais da construção de marca será desenvolver, fortalecer ou alavancar o *brand equity*, cujas principais dimensões são a consciência, as associações e a fidelidade da base de clientes.

- **A consciência de marca**, um ativo muito subestimado, afeta percepções, opiniões e até comportamentos. As pessoas gostam do que conhecem e estão preparadas para atribuir diversas características positivas a itens com os quais estão familiarizadas. Além disso, a consciência de marca pode ser um sinal de sucesso, comprometimento e substância, atributos que podem ser cruciais para compradores industriais de itens de alto valor e consumidores que compram bens duráveis. A lógica é que se a marca é reconhecida, isso não ocorre por acaso. Finalmente, a consciência pode afetar a probabilidade de a marca ser lembrada em momentos importantes do processo de compra e, assim, estar entre as marcas que o cliente considera.
- **As associações de marca** incluem atributos do produto (Crest, Volvo), *design* (Calvin Klein, Apple), programas sociais (Avon, Patagonia), qualidade (Lexus, Southwest Airlines), imagem do usuário (Mercedes, Nike), varie-

dade de produtos (Amazon, Marriott), ser global (VISA, Ford), inovação (3M, Virgin), soluções de sistemas (IBM, Salesforce.com), personalidade de marca (MetLife, Singapore Airlines) e símbolos (a caixa azul da Tiffany, os Arcos Dourados do McDoland's)... tudo que liga o cliente à marca. Elas podem ser a base do relacionamento com o cliente, decisão de compra, experiência de uso e fidelidade de marca. Uma parte crucial da gestão de marcas como ativos envolve determinar quais associações desenvolver, criar programas que irão fortalecer essas associações e ligá-los à marca.

- **A fidelidade de marca** está no centro do valor de qualquer marca, pois, depois de obtida, ela perdura. A inércia do cliente beneficia a marca que conquistou sua lealdade. Romper um elo de fidelidade é difícil e caro para a concorrência. Assim, um dos objetivos da construção da marca é ampliar o tamanho e intensidade de cada segmento de fidelidade, tornando a base do relacionamento com o cliente mais consistente no longo prazo e, sempre que possível, mais rica, profunda e significativa.

Das marcas às famílias de marcas

Historicamente, a gestão de marcas sempre se concentrou em uma única marca e país, como se operasse de maneira isolada dentro da empresa e no mercado mundial. Essa abordagem é o legado do sistema de gestão de marcas clássico da P&G, que remonta a um memorando de 1931 que inclui a descrição do cargo de "homem das marcas". O documento foi escrito por Neil McElroy, na época gerente de marketing júnior da P&G, posteriormente CEO da empresa e, entre 1957 e 1959, secretário da Defesa dos Estados Unidos. McElroy estava em dificuldades para administrar a marca de sabonete Camay, que perdia para a marca de sabonete Ivory. A premissa era que cada marca seria autônoma, com seu próprio programa de marca, mas essa visão não era mais estrategicamente viável.

Cada vez mais, as organizações estão percebendo que a gestão de marcas estratégica precisa envolver "famílias" de marcas, gerenciadas como um portfólio. A essência da estratégia de portfólios de marcas é garantir que as marcas da organização, incluindo submarcas, marcas endossantes e inovações de marca, trabalhem em conjunto para criar clareza e sinergia, cooperando em vez de competir. Cada marca precisa ter uma função clara e evidente, o que pode incluir ajudar outras marcas. Essas funções podem mudar com o passar do tempo, assim como o escopo do produto, à medida que a marca é estendida horizontal e verticalmente. As empresas estão buscando maneiras de alocar recursos relativos a marcas e mercados de modo a proteger as marcas que serão astros do futuro e garantir que cada marca tem os recursos necessários para ter sucesso em suas funções designadas atuais *e* futuras.

Questões estratégicas das extensões de marca

Quando a marca é considerada um ativo, surge a oportunidade de alavancar esse ativo para gerar crescimento, que é o objetivo da maioria das empresas. Ela pode ser utilizada como marca mestre ou endossante para dar apoio à entrada estratégica em outra classe de produtos, oferecendo uma plataforma que produzirá consciência de marca e associações positivas, como a percepção de qualidade. A marca também pode ser alavancada verticalmente para apoiar uma oferta em mercados mais ou menos elevados. Contudo, sob o modelo de "marca como ativo", o objetivo não é apenas criar uma extensão de marca bem-sucedida, mas sim aprimorar a marca e todo o portfólio de marcas. Assim, é introduzida uma perspectiva mais ampla e estratégica.

Questões sobre silos organizacionais precisam ser resolvidas

Quase todas as marcas abrangem diferentes organizações em silos definidas por produtos, mercados ou países. Em algumas empresas (a GE ou a Toshiba, por exemplo), a marca pode determinar relacionamentos com clientes em mil mercados de produtos. Quando as marcas são vistas taticamente, a autonomia dos silos parece funcionar, pois permite que as unidades organizacionais mais próximas ao cliente adaptem a marca às suas necessidades.

Contudo, perder o controle sobre a construção de marca dos silos gera ineficiência, desperdiça oportunidades e corrói a marca. Quando a empresa permite que cada um dos silos leve a marca em uma direção diferente, a marca se torna fraca e confusa. Além disso, a construção de marca eficaz e eficiente muitas vezes exige escalas e a motivação de compartilhar boas práticas. Por consequência dessas e outras questões, fica evidente que é preciso ter coordenação centralizada entre os diversos países e produtos que utilizam a marca para promover o negócio.

O gerente de marca como líder da equipe de comunicação

Antigamente, o gerente de marca muitas vezes atuava como simples coordenador e organizador dos programas de comunicação tática. Era um período mais simples, com um número limitado de recursos de mídia para utilizar e uma missão mais simples: gerar vendas.

Hoje, os construtores de marcas enfrentam um mundo muito diferente, repleto de veículos de comunicação numerosos, complexos e dinâmicos. Criar e gerenciar um programa de comunicação integrada de marketing (CIM) é muito mais difícil. Além disso, hoje a comunicação é responsável por muito mais do que a geração de vendas; ela precisa construir ativos de marcas, guiada por uma visão de marca clara, em parte pelo fortalecimento de associações de marca e relacionamentos com clientes. Não é fácil. A tarefa fica ainda mais difícil quando a marca mestre se espalha por diversos produtos e países, dificultando as decisões de alocação orçamentária.

A comunicação orientada pela ideia de marca como ativo também precisa gerar entendimento e aceitação dentro da organização, pois a marca só cumprirá a promessa de marca se os funcionários "tiverem fé" e viverem a marca em todos os pontos de contato com os clientes. Assim, é preciso construir a marca tanto interna quanto externamente.

Por que isso é difícil?

Por que um conceito tão convincente demora tanto para ser aceito? E por que ele demora tanto para ser implementado mesmo depois de aceito? Três motivos principais:

Primeiro, o poder dos fatores financeiros de curto prazo é avassalador. Os gerentes analisam essas medidas em parte porque há uma gratificação instantânea em ver ações e programas gerando resultados imediatos. Além disso, a teoria financeira "prova" que a função dos negócios é maximizar o retorno sobre as ações e a realidade é que esse retorno responde a lucros de curto prazo, pois as medidas alternativas não são confiáveis ou não estão disponíveis. Por consequência, os gerentes aprendem que suas carreiras vão para a frente quando conseguem produzir melhorias financeiras de curto prazo.

Segundo, construir ativos e marca não é moleza. Acertar a visão de marca e então encontrar maneiras revolucionárias de dar vida a essa visão são tarefas que variam entre difíceis e impossíveis. E se o retorno só ocorrerá depois de três ou cinco anos, é difícil convencer os executivos de que o desempenho está no caminho certo quando as finanças de curto prazo estão paralisadas ou em queda, em parte porque é difícil gerar substitutos convincentes para o desempenho de longo prazo. O resultado é que mesmo organizações que acreditam no conceito podem não conseguir transformá-lo em realidade.

Terceiro, algumas organizações não têm a capacidade de marketing, na forma de pessoas, processos ou cultura, e então demorarão para aceitar a visão da marca como ativo. Isso é mais provável em organizações de B2B ou no setor de alta tecnologia e em empresas de países como a China, que sempre operaram sob a proteção do governo e se concentram em fabricação e distribuição, não em marcas. Nesses ambientes, os executivos demoram a aceitar a qualidade estratégica das marcas e têm dificuldade para alocar recursos nesse sentido.

Em suma

A importância do conceito de marca como ativo é gigantesca. Em toda a história do marketing, poucos conceitos transformaram tanto a prática da disciplina. O marketing de massa, o conceito de marketing e a segmentação com certeza entrariam na lista, mas a visão de "marca como ativo", apesar de nem sempre ser fácil de implementar, também precisaria ser listada.

Capítulo 2

Ativos de marca têm valor real

O valor de marca é muito parecido com uma cebola. Ele tem camadas e um núcleo. O núcleo é o usuário que fica com você até o último segundo.
— **Edwin Artzt, Ex-CEO da P&G**

Os ativos de marca têm valor real. Essa afirmação é essencial para viver no novo mundo da marca como ativo, com todas as suas consequências, da estratégia de negócios aos programas de marketing, da alocação de recursos à gestão da marca. Mas à medida que a gestão de marcas se torna estratégica e ganha espaço na diretoria, os CEOs e CFOs do mundo, que podem até ter alguma simpatia pelo conceito de ativo de marca, precisarão de provas concretas da existência desse valor. O argumento conceitual pode ser parte da persuasão, mas também pode ser necessário encontrar evidências empíricas que apoiem a ideia.

No paradigma clássico, os investimentos em marcas só eram justificados se tivessem impacto sobre as vendas de curto prazo. Os programas de gestão de marcas deveriam produzir vendas e lucros imediatos ou não se justificavam. Construir ativos de marca, entretanto, pode envolver reforços contínuos durante vários anos, com apenas uma pequena parcela do retorno ocorrendo imediatamente; na verdade, a construção de marca pode reduzir os lucros no curto prazo. Assim, é necessário mensurar impactos de marca com indicadores de longo prazo. Não estamos mais no mundo da tática, onde as medidas de curto prazo surtem efeito.

Existem diversas maneiras de demonstrar o valor de ativo da marca, incluindo estudos de caso, avaliações de marca, estudos quantitativos sobre o impacto do *brand equity* e a função dos ativos de marca nos modelos de estratégias de negócios conceituais.

Estudos de caso

Uma maneira expressiva e convincente de demonstrar o valor de ativo da marca é buscar estudos de caso. Procure marcas que contribuíram inquestionavelmente para a criação de grandes níveis de valor. A marca Apple, por exemplo, com sua personalidade independente e criativa e a reputação de líder em inovação, move uma das empresas mais valiosas do mundo. A BMW ganhou força em grande parte devido a uma marca definida em torno do conceito "a máquina definitiva" e os benefícios de autoexpressão que esse slogan confere ao motorista. A Trader Joe's domina uma subcategoria utilizando uma marca que reúne e concretiza um conjunto de valores e estilo de vida, gerando benefícios para o cliente.

Pense na importância de criar uma marca tão forte que ela conseguiria sobreviver a desastres que vão contra a promessa de marca. Essas marcas conseguem produzir reviravoltas e recuperações que seriam inviáveis para outras. A Apple teve um período de baixa em sua linha de produtos e no seu desempenho antes de Steve Jobs voltar, em 1997, mas sua marca permitiu que a empresa desse a volta por cima quando os problemas com produtos foram solucionados e a inovação retornou. O mesmo vale para a Harley-Davidson, que passou por um período de problemas de qualidade e viu a marca levar a empresa de volta ao topo quando esses problemas foram resolvidos. A AT&T, marca líder no setor de comunicação por três gerações até os anos 80, passou quase duas décadas alardeando seus preços e combatendo problemas de qualidade de serviço, mas ainda é uma das marcas mais fortes e relevantes em sua categoria. Essas histórias são prova da resistência e do valor de ativo representados por uma marca forte.

Por fim, considere as marcas que sofreram um colapso real quando foram mal administradas, desperdiçando níveis enormes de valor. Em meados da década de 1970, a Schlitz, a cerveja "gusto", estava em segundo lugar no mercado, pouco atrás da Budweiser, quando a empresa decidiu cortar custos utilizando um processo de fermentação centrado no levedo, reduzindo o tempo de processamento de 12 para 4 dias, e substituindo o malte de cevada por xarope de milho.[1] Testes cegos mostraram que o gosto não mudava. A concorrência, contudo, ficou muito contente com a oportunidade de falar sobre os esforços dos Schlitzes para reduzir custos. Sua sugestão de que a Schlitz estava perdendo qualidade virou realidade quando foi descoberto que a cerveja, ficava turva e perdia carbonação após passar algum tempo nas prateleiras. A Schlitz voltou a seu antigo método de produção e realizou testes cegos durante o Super Bowl para provar que a qualidade estava de volta, mas os clientes haviam perdido confiança na marca e a ideia de descobrir o "gusto" em um copo de Schlitz se transformou em piada. Os danos à marca fizeram com que ela quase sumisse do mercado e perdesse mais de 1 bilhão de dólares em valor. Essa história, e outras como ela, mostra que mesmo marcas fortes podem estar vulneráveis a decisões que não consideram a promessa de marca e os relacionamentos com os clientes.

O valor de ativo de uma marca

Outra abordagem para demonstrar que uma marca tem valor de ativo é estimar diretamente o valor de seu patrimônio líquido. É possível usar um processo lógico para estimar o valor de ativo da marca. Ele é útil para demonstrar que as marcas são, de fato, ativos, e mostrar como tais ativos de marca estão dispersos nos diversos mercados que a empresa atua.

A estimativa do valor de uma marca começa pela determinação do valor das unidades de negócio no mercado de produtos impactados pela marca. O negócio da Ford Focus nos Estados Unidos, por exemplo, seria avaliado pelo seu fluxo de caixa descontado. O valor de bens tangíveis (usando o valor contábil ou de mercado) é subtraído. A diferença se deve a ativos intangíveis como habilidades de fabricação, pessoal, capacidade de P&D e a marca. Esses ativos intangíveis são então alocados subjetivamente à marca e a outros elementos. O principal número estimado é a porcentagem do impacto dos ativos intangíveis que se deve ao poder da marca. Essa estimativa pode ser realizada por um grupo de especialistas dentro da empresa, em conjunto ou isoladamente, levando em conta o modelo de negócio e quaisquer informações que possuam sobre a marca em termos de sua lembrança espontânea, associações e fidelidade dos clientes. Os avaliadores podem discordar sobre se a marca representa 20 ou 30%, mas são poucos que falam em 10% ou 50% do total.

A seguir, o valor da marca é agregado nos diversos países para determinar o valor mundial do Ford Focus. Finalmente, ele é agregado para outros produtos da Ford de modo a descobrir o valor total da marca Ford. Esse valor pode ser comparado e confirmado com a capitalização de mercado das ações da empresa e a porcentagem das vendas da Ford que é determinada pela marca Ford.

O valor de marcas de todo o mundo é estimado anualmente por Interbrand, Millward Brown e outras organizações há mais de uma década. Em 2013, a Interbrand avaliava sete marcas acima de 40 bilhões de dólares (Apple, Google,

Coca-Cola, IBM, Microsoft, GE e McDonalds). A centésima marca global mais valiosa estava avaliada em mais de 80 milhões de dólares.

Apesar da estimativa do valor de marca como percentual de seu negócio associado não ser informado, os dados da Interbrand para 2013 sugerem que a porcentagem varia de 10-25% (para marcas como GE, Allianz, Accenture, Caterpillar, Hyundai e Chevrolet) até 40-50% (para marcas como Google, Nike e Disney) e mais de 60% (para marcas como Jack Daniel's, Coca-Cola e Burberry).[2] Mesmo 15% do valor de um negócio geralmente representam um ativo que merece ser construído e protegido; quando é muito maior do que isso, a necessidade de proteger o orçamento de construção de marca se torna irresistível. O valor estimado de uma marca pode ser uma demonstração importante sobre a sabedoria e viabilidade de criar ativos de marca.

É muito tentador usar essa medida para gerenciar marcas e construção de marca, mas na realidade ela não é precisa o suficiente para desempenhar essa função. O valor será determinado pela bolsa de valores, inovações dos concorrentes, estratégias de negócios, desempenho do produto e dinâmica do mercado, sendo que este último fator tem pouca relação com o poder de marca e se baseia em diversas estimativas de parâmetros subjetivos, envolvendo incertezas e vieses.

Mas as estimativas de valor de marca podem valer a pena ao criarem um ponto de referência para o desenvolvimento de programas e orçamentos de construção de marca. Se a marca vale 500 milhões, um orçamento de 5 milhões para construção de marca poderia ser questionado como sendo baixo demais. Ou se 400 milhões do valor da marca estão na Europa e 100 milhões nos Estados Unidos, a decisão de dividir esse orçamento igualmente entre as duas regiões também seria duvidosa. Além disso, o processo pode agregar valor ao estimular as equipes de gestão de marcas a refletir sobre como exatamente sua marca está atuando na estratégia de negócios e quais são seus componentes. Os *insights* obtidos ajudarão a fortalecer a estratégia de negócios e de marca e os esforços de construção de marca associadas.

Retorno dos programas de construção de marca

Também é possível mensurar estatisticamente o impacto de mudanças no *brand equity* sobre o retorno sobre as ações, que é a medida definitiva do retorno de longo prazo sobre ativos. Em dois estudos que conduzi com o professor Robert Jacobson, da Universidade de Washington, exploramos essa relação usando dados de séries temporais que incluíam informações relativas a lucros contábeis ou retorno sobre o investimento (ROI) e modelos que definiam a direção do efeito.[3] O primeiro banco de dados, da EquiTrend, envolvia 33 marcas, representando empresas de capital aberto como American Express, Chrysler e Exxon; o segundo banco de dados, da Techtel, envolvia nove empresas de alta tecnologia, incluindo Apple, HP e IBM.

Os pesquisadores que trabalham com finanças demonstraram que há uma forte relação entre mudanças em ROI e preços de ações. Em média, se o ROI sobe, o preço das ações sobe também. Em ambos os estudos, descobrimos que o impacto do aumento do *brand equity* no retorno sobre as ações foi quase tão grande quanto o do ROI, chegando a 70% deste. A Figura 1 apresenta os resultados do estudo da EquiTrend. Os números mostram claramente que o retorno das ações reage a perdas ou ganhos significativos em *brand equity*, quase tanto quanto a resposta a mudanças em ROI. A publicidade, por outro lado, também testada nesse estudo, não impactou o retorno sobre as ações, exceto na medida em que seu efeito já era capturado pelo *brand equity*.

A relação entre *brand equity* e retorno sobre as ações pode ser causada, em parte, pelo fato do primeiro apoiar um sobrepreço que contribui para a rentabilidade. A análise do banco de dados da EquiTrend demonstra que o *brand equity* está associado com um preço mais elevado. Assim, marcas com preços premium, como Mercedes, Levi's e Hallmark, têm vantagens significativas em termos de *brand equity* (como mensurado por percepção de qualidade) em relação a concorrentes como Buick, Lee Jeans e American Greetings.

O estudo de alta tecnologia também examina as grandes mudanças de *brand equity* observadas. O que leva às mudanças nos números de *brand equity*, geralmente bastante estáveis? Algumas das principais mudanças estavam associadas com inovações de produto significativas (em contraste com as incrementais). Mas não foi só isso. As principais mudanças também podiam ser atribuídas a problemas visíveis com produtos, mudanças na alta gerência, resultados de processos judiciais significativos e grandes sucessos ou fracassos das ações ou sorte dos concorrentes. Esse último fator, obviamente, quase sempre está além do controle da empresa dona da marca.

Esses estudos mostram que quando há uma mudança real no *brand equity*, que dificilmente ocorre apenas devido a publicidade ou promoções, há um efeito significativo e mensurável no retorno sobre as ações. O achado representa evidências persuasivas de que o *brand equity* afeta o valor real do negócio e que o modelo da marca como ativo é válido.

Um modelo de estratégia de negócios conceitual

O desafio enfrentado por quem precisa justificar investimentos na construção de ativos de marca é semelhante àquele no caminho de quem investe em qualquer ativo intangível. Na maioria das organizações, os três ativos mais impor-

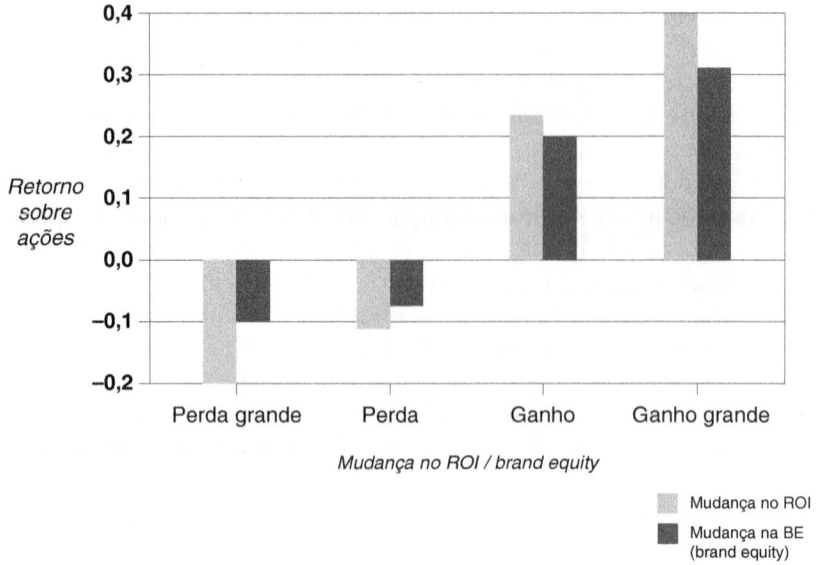

Figura 1 O estudo EquiTrend: reação da bolsa de valores a mudanças em *brand equity* e ROI.

tantes são pessoas, tecnologia da informação e marcas. Todos são intangíveis; eles não aparecem no balanço patrimonial. Todos agregam um valor à organização que é difícil de quantificar. Assim, a razão para investir em qualquer ativo intangível deve depender, em parte, de um modelo conceitual do negócio que afirme que tais ativos intangíveis representam fatores cruciais para o sucesso da organização e que eles embasam a estratégia de negócios.

Uma base conceitual para o investimento em marcas é contrastá-lo com sua alternativa estratégica, a concorrência de preço. Não é uma imagem bonita. Os gerentes, especialmente aqueles que representam marcas em terceiro ou quarto lugar no mercado, reduzem seus preços em resposta a excesso de capacidade e concorrência de preço. Os concorrentes fazem o mesmo. Os clientes começam a se concentrar mais no preço do que na qualidade e nos diferenciais de cada produto. As marcas começam a se parecer com *commodities* e as empresas começam a tratá-las dessa maneira. Os lucros desmoronam.

A escolha está entre construir marcas e gerenciar *commodities*. Não é preciso um visionário estratégico para ver que qualquer tendência na direção do status de *commodity* deve ser resistida. Além do mais, em geral isso não é inevitável. Considere o sobrepreço pago pela Morton's Salt (poucos produtos são mais *commodity* do que o sal), a Charles Schwab (corretor com preços baixos) ou a Emirates Airlines. Em todos os casos, uma marca forte conseguiu resistir às pressões de se concentrar em preços. Como disse o guru da administração Tom Peters: "Em um mercado cada vez mais superlotado, os tolos competem nos preços. Os vencedores encontram uma maneira de criar valor duradouro na mente dos clientes."[4]

Como mensurar os esforços de construção de marca, considerando que esses programas devem gerar retorno após anos de trabalho e que múltiplos fatores determinam o sucesso? A resposta é usar medidas de *brand equity*: lembrança, associações desejáveis e fidelidade de uma base de clientes. A relevância dessas medidas de *brand equity* exige um modelo de estratégia de negócios conceitual convincente, demonstrando que aumentar a força da marca é essencial e produzirá uma vantagem competitiva que gerará retornos financeiros no futuro.

Criando e alocando orçamentos de construção de marca

O orçamento de qualquer ativo organizacional intangível é difícil de criar, alocar e defender, mas é possível fazer algumas observações sobre o processo.

Primeiro, a função de uma marca no modelo de estratégia de negócios conceitual precisa determinar o processo orçamentário. Qual é sua função? O quão crucial é a marca para a estratégia? Quais os pontos fortes e fracos da marca e aonde ela precisa ir? A prioridade é aumentar a consciência, criar ou alterar percepções ou fidelizar? Quais as diferenças entre os segmentos? Qual orçamento tem maior probabilidade de realizar essas tarefas, ou pelo menos dar à estratégia uma boa chance de sucesso?

Segundo, a qualidade do programa de comunicação é muito mais importante do que o orçamento. Um estudo clássico revelou que a qualidade da propaganda (mensurada pela exposição pré-pós anúncio na TV) era muitas vezes mais capaz de explicar a variância no impacto no mercado (mensurado pelo aumento das vendas) do que a mudança no orçamento publicitário.[5] Uma consequência desse estudo é que devemos gastar mais recursos em maneiras criativas de descobrir ideias excepcionais. É possível, até provável, que um orçamento de 5 milhões de dólares apoiando uma ideia brilhante tenha mais sucesso do que um orçamento de 20 milhões apoiando uma ideia medíocre. Gastar dinheiro não é tudo.

Terceiro, mensurações e experimentação podem ser úteis. Experimentar com diversas ideias de construção de marca e níveis orçamentários elimina boa parte da adivinhação. Mas tome cuidado para não usar vendas de curto prazo em suas avaliações (apesar de, em alguns casos, a ausência de um efeito de curto prazo nas vendas poder sinalizar a fraqueza do efeito de longo prazo). Usar vendas de curto prazo como critério pode levar a uma ênfase excessiva em ofertas de preço, que prejudicam as marcas e, portanto, a estratégia de longo prazo. Se não puder fazer um experimento prolongado, tente usar medidas de *brand equity* como indicadores do impacto de mercado no longo prazo.

Em suma

As marcas são ativos com valor estratégico. Essa afirmação muda tudo, mas precisa ser comunicada de maneira convincente para motivar a organização a investir na construção de marca e proteção de ativos de marca. Os estudos de caso, estimativas de valor de marca e estudos quantitativos que relacionam ativos de marca com o retorno sobre as ações dão segurança à gerência, mas a ideia ainda precisa ser defendida em cada contexto específico. Isso significa desenvolver modelos conceituais do impacto das marcas na estratégia de negócios e utilizar experimentação no estilo "testar e aprender".

Parte II

Tenha uma visão de marca poderosa

Capítulo 3

Crie uma visão de marca

Os clientes precisam reconhecer que você representa alguma coisa.
— **Howard Schultz, Starbucks**

Yogi Berra, o lendário jogador de beisebol e técnico do New York Yankees, supostamente disse que "se você não sabe aonde vai, vai acabar em algum outro lugar". O mesmo vale para as marcas: é preciso saber onde elas estão para chegar a algum lugar.

Sua marca precisa de uma visão de marca: uma descrição estruturada da imagem pretendida pela marca; o que você deseja que a marca represente para os clientes e outros grupos relevantes, como funcionários e parceiros. Em última análise, a visão de marca (também chamada de identidade, valores ou pilares de marca) determina o componente de construção de marca do programa de marketing e influencia significativamente todo o resto. Ela deve ser uma das peças centrais do processo de planejamento estratégico. Em livros anteriores, chamei a ideia de "identidade de marca", mas o termo "visão de marca" captura a natureza estratégica e aspiracional do conceito e evita a confusão introduzida pelo fato de que, em alguns grupos, "identidade" se refere ao *design* gráfico em torno da marca.

Quando a visão de marca se encaixa perfeitamente, quando acerta o alvo, ela reflete e apoia a estratégia de negócios, cria diferenciais em relação à concorrência, encontra eco junto aos clientes, energiza e inspira funcionários e parceiros e cataliza uma enxurrada de ideias para programas de marketing. Quando está ausente ou é superficial, a marca vaga sem rumo e os programas de marketing tendem a ser inconsistentes e ineficazes.

O modelo de visão de marca é um arcabouço estrutural para o desenvolvimento de uma visão de marca com uma perspectiva que a diferencie das outras de diversas maneiras.[1]

Primeiro, uma marca é mais do que uma expressão com três palavrinhas; ela pode se basear em 6 a 12 elementos de visão. A maioria das marcas não pode ser definida por uma única ideia ou expressão, e a busca por esse conceito de marca mágico pode ser inútil ou, pior ainda, deixar a marca com uma visão incompleta, aleijada de alguns elementos de visão de marca relevantes. Os elementos de visão são priorizados e organizados (entre 2 e 5), considerados como mais diferenciadores e convincentes, chamados de "elementos de visão centrais", enquanto os outros são chamados de "elementos de visão estendidos". Os elementos centrais refletem as proposições de valor no futuro e determinam as iniciativas e programas de construção demarca.

Segundo, os elementos de visão estendida oferecem uma função útil. Eles agregam textura à visão de marca, permitindo que os estrategistas realizem avaliações melhores sobre o alinhamento do programa à marca. A visão estendida cria um refúgio para aspectos importantes da marca, como sua personalidade, que podem não merecer o *status* de elemento de visão central, e para elementos cruciais para o sucesso que, ainda assim, não são base para a diferenciação, como a alta qualidade. Esses elementos podem e devem influenciar os programas de gestão de marca. Muitas vezes, durante o processo de criação de uma visão de marca, a indicação de uma pessoa para associação de marca aspiracional é desprezada porque ela não poderia ser uma peça central da marca. Quando uma ideia como essa pode ser posicionada na visão estendida, a discussão consegue avançar. Ocasionalmente, um elemento de visão estendida se transforma em elemento central, o que não aconteceria se não permanecesse visível durante todo o processo.

Terceiro, o modelo de visão de marca não envolve "preencher as lacunas" e não é sempre igual para todos, com dimensões pré-especificadas e no qual todas as marcas, em todos os contextos, precisam preencher todas as lacunas, mesmo que a lacuna específica não se aplique à marca em questão. As marcas também não são impedidas de usar uma dimensão que não tenha sua "lacuna". Em vez disso, são selecionadas dimensões consideradas relevantes para o contexto trabalhado. E os contextos variam. Os programas e valores organizacionais tendem a ser mais importantes para empresas de serviço e B2B, mas não para bens de consumo. A inovação provavelmente será importante para marcas de alta tecnologia, mas menos para algumas marcas de bens de consumo. A personalidade costuma ser mais importante para bens duráveis e menos para marcas corporativas. As dimensões empregadas serão uma função do mercado, estratégia, concorrência, clientes, organização e marca.

Quarto, a visão de marca é aspiracional e pode ser diferente da imagem atual. Ela abrange as associações que a marca precisa desenvolver no futuro, dadas as suas estratégias de negócios atuais e futuras. Muitas vezes, o executivo de marca se sente impedido ou pouco à vontade com a ideia de ir além do que a marca tem permissão para fazer no momento. Entretanto, a maioria das marcas precisa melhorar algumas dimensões para se tornar competitiva e adicionar novas dimensões para criar novas plataformas de crescimento. Uma marca que planeja se estender para uma nova categoria, por exemplo, provavelmente precisará transcender sua imagem atual.

Quinto, a essência de marca representa um tema central da visão de marca, apesar de ser opcional. Quando a essência de marca certa é entrada, ela pode ser mágica em termos de comunicação interna, inspiração para funcionários e parceiros e orientação de programas. Considere "Transformando Futuros", a essência de marca da London School of Business, "Ideias para a Vida" da Panasonic ou "Mágica Familiar" para a Disneyland. Em cada um desses casos, a essência abrange tudo que a marca sonha em ser. A essência deve ser buscada sempre, sem descanso. Contudo, às vezes ela pode atrapalhar e deve ser omitida. Uma marca B2B, a Mobil (atual ExxonMobil) tinha liderança, parceria e confiança como elementos de marca centrais. Forçar essa marca a adotar uma essência provavelmente teria sido estranho. Se não se ajusta à marca ou não é convincente, a essência acaba sugando toda a energia disponível. Nesses casos, os elementos de visão centrais são fatores motivadores de marca melhores.

Sexto, o posicionamento de marca é um guia de comunicação de curto prazo que muitas vezes expressa o que será comunicado a qual público-alvo e com qual lógica. Muitas vezes, o posicionamento atual enfatiza os elementos de visão de marca que serão atraentes e que agora têm credibilidade e cuja concretização é realista. À medida que os programas e capacidades organizacionais emergem ou os mercados mudam, a mensagem de posicionamento pode mudar ou evoluir. O elemento central do posicionamento costuma ser uma chamada comunicada externamente, que não precisa corresponder, e em geral não corresponde, à essência de marca, que é um conceito comunicado internamente.

O processo

O processo de desenvolvimento da visão de marca começa pela estratégia e contexto. Antes de mais nada, é preciso ter uma análise aprofundada dos segmentos de clientes, concorrentes, tendências de mercado, forças ambientais, pontos fortes e fracos atuais da marca e estratégia de negócios no futuro. A estratégia de negócios, que inclui o plano de investimento no mercado de bens, as proposições de valor, os ativos e habilidades que o apoiarão e o plano tático, é necessária porque a estratégia de *branding* é determinada pela estratégia de negócios ao mesmo tempo em que a impulsiona. Se a estratégia de negócios for vaga ou inexistente, ela muitas vezes será desenvolvida ou articulada como parte do desenvolvimento da visão de marca.

O segundo passo é identificar todas as associações aspiracionais. Esses itens, muitas vezes variando entre 50 e 100 itens, são então agrupados; a seguir, cada grupo recebe um rótulo. Esse aspecto de agrupamento e rotulagem é ao mesmo tempo crucial e difícil. Pode demorar semanas até você encontrar o agrupamento certo e descobrir o conjunto apropriado de rótulos.

As associações podem assumir diversas formas, incluindo atributos, benefícios funcionais, aplicações, imagem do usuário, personalidade de marca, programas e valores organizacionais e benefícios de autoexpressão, emocionais ou sociais. Eles precisam encontrar eco junto aos clientes, ser considerados importantes por estes e refletir e apoiar a estratégia de negócios no futuro.

As associações também devem criar um ponto de diferenciação que apoie a proposição de valor ou represente um ponto de paridade. Apesar de ser importante conquistar diferenciação, preferencialmente com alguns "itens obrigatórios", alcançar igualdade em uma dimensão crucial na qual um concorrente possui uma vantagem significativa pode ser decisivo na hora de obter relevância e sucesso no mercado. O objetivo da paridade é ser considerado "bom o suficiente", evitando que os clientes excluam sua marca de suas considerações. No Capítulo 15, demonstramos que a conquista de paridade é uma maneira de enfrentar a ameaça de relevância representada pela inadequação em uma determinada dimensão.

A visão deve inspirar os funcionários e parceiros da empresa. Ela deve fazer com que eles se importem. O Capítulo 5, sobre valores organizacionais, mostra como um propósito maior pode ser útil nesse aspecto, e o Capítulo 14, sobre gestão interna de marcas, discute como as histórias podem dar vida a esse propósito maior. Além disso, uma visão de marca excepcional acelera as ideias de construção de marca; na verdade, elas começam a brotar de todos os lados. Se os programas de construção de marca não estão evidentes, isso significa que a visão ainda precisa ser trabalhada.

A Ajax, por exemplo, é uma empresa de serviços global criada a partir de meia dúzia de aquisições, em que cada uma delas continuou a operar de maneira relativamente autônoma. Contudo, estava ficando cada vez mais claro que os clientes prefeririam ter uma empresa com soluções centralizadas e capacidades amplas. A nova estratégia da Ajax seria orientar seus serviços a soluções amplas para os clientes e fazer com que suas unidades operacionais trabalhassem em conjunto, como se fossem uma só. A estratégia representava uma mudança significativa em termos de cultura e operações. Com relação à visão de marca, os elementos "Parceira dos Clientes", "Soluções Customizadas", "Colaborativa" e "Próxima aos Clientes" foram agrupadas e recebam o nome de "Soluções de Equipe", que passou a ser um dos oito elementos da visão, como vemos na Figura 2. O objetivo de marca seria comunicar uma imagem aos clientes que correspondesse a essa nova estratégia.

O terceiro passo é priorizar os elementos da visão de marca. Os elementos de visão centrais, que são os mais importantes e podem ter o maior impacto de todos, serão os principais fatores determinantes dos programas de construção de marca. Para a Ajax, a visão central incluía "Espírito de Excelência" e "A Tecnologia Certa", além de "Soluções de Equipe". Os cinco elementos de visão restantes compõem a visão estendida.

A VISÃO DE MARCA DA BERKELEY-HAAS SCHOOL OF BUSINESS

A Berkeley-Haas School of Business criou uma visão de marca que estimulou mudanças profundas na instituição, ajudando-a a refinar o corpo discente e o docente, os programas de pesquisa e o currículo. Os quatro elementos de visão de marca fundamentais são:[2]

- **Questionar o *status quo*.** "Lideramos defendendo ideias audaciosas, assumindo riscos inteligentes e aceitando fracassos sensatos. Isso significa dizer o que pensamos mesmo quando isso vai contra a tradição. Prosperamos no epicentro da inovação mundial." Captura a aspiração das grandes ideias e a vitalidade do processo de inovação.
- **Confiança sem arrogância.** "Tomamos decisões com base em evidências e análise, o que nos dá confiança para atuar sem sermos arrogantes. Lideramos com base em confiança e colaboração." Altamente diferenciadora.
- **Alunos sempre.** "Somos uma comunidade criada para a curiosidade e para a busca eterna por crescimento pessoal e intelectual. Este não é o lugar para quem acha que aprendeu tudo que vai aprender na vida." Torna a Berkeley-Haas relevante para ex-alunos e programas executivos.
- **Além de si.** "Moldamos nosso mundo ao liderar com ética e responsabilidade. Como guias de nossas empresas, pensamos nossas ações e decisões no longo prazo, o que, muitas vezes, significa colocar interesses maiores acima dos nossos próprios." Descreve um propósito maior.

A essência, que captura muito bem os quatro elementos centrais, é a seguinte: "Desenvolvemos líderes que redefinem como fazemos negócios". É uma visão diferente sobre inovação e liderança, a qual pretende redefinir o negócio, não apenas refiná-lo.

O quarto passo é criar uma essência de marca, uma única ideia que reflita a alma da visão de marca. Para a Ajax, "comprometimento com excelência: a qualquer hora, em qualquer lugar, o que for preciso", como mostrado na Figura 2, foi a essência que capturava sua identidade central para a organização.

O último passo é o posicionamento de marca. O posicionamento de marca da Ajax envolvia uma decisão difícil em torno das associações aspiracionais. O posicionamento da Ajax deveria se centrar em soluções de equipe, mesmo que a empresa ainda não pudesse executá-las? Estar à frente do que estava sendo produzido poderia servir para motivar os funcionários, sinalizando que a estratégia de negócios futura depende da capacidade de cumprir a promessa aspiracional. A opção mais conservadora, contudo, seria atrasar a divulgação da associação aspiracional como parte do esforço de posicionamento até ela ter credibilidade e até a empresa ter desenvolvido a capacidade de cumprir sua promessa... enquanto isso, seria muito mais seguro enfatizar os outros dois elementos de visão centrais.

Adaptando a visão

Ter a mesma visão de marca em todos os contextos oferece vantagens incríveis para a coordenação de esforços de marca entre mercados e categorias de produtos, ganhos de escala em programas de construção de marca e obtenção de clareza interna para a marca. Contudo, o objetivo deve ser ter marcas fortes em todos os lugares, e não a mesma marca em todos os lugares, assim a adaptação pode ser útil, ou mesmo necessária.

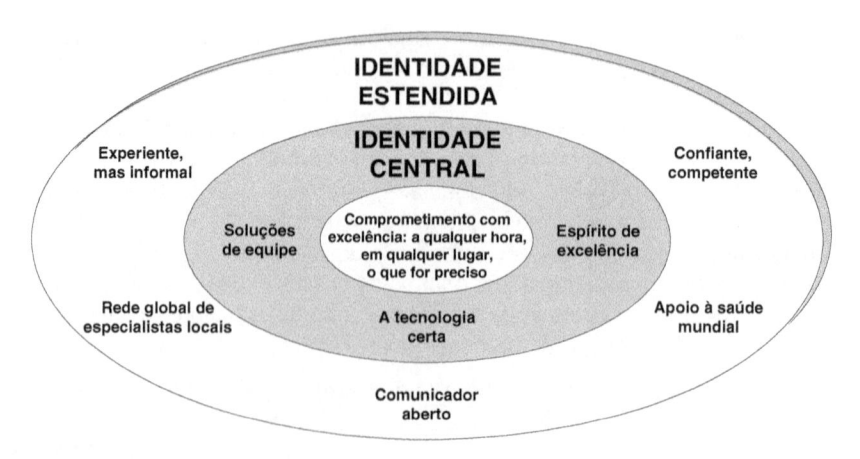

Figura 2 A visão de marca Ajax.

Muitas marcas abrangem produtos e mercados que podem representar diferenças importantes na participação de mercado da empresa (a VW é dominante na Alemanha mas não na Grã-Bretanha), sua imagem de marca (algumas marcas são *premium* em um produto ou país e têm imagem econômica em outro), as motivações de seus clientes (a Olay, da P&G, descobriu que os indianos desejavam peles com aparência mais clara, não mais jovem), seus canais de distribuição (o sorvete não é vendido em potes em alguns países, mas apenas em bolas ou formatos assemelhados), tradição local (as diferenças culturais entre França e Alemanha são importantes para alguns produtos) e os posicionamentos da concorrência (uma posição desejável, como ser o chocolate que contém um copo de leite, pode já ter sido apropriada). Se as diferenças o exigirem, a identidade e/ou o posicionamento da marca devem ser adaptados.

O desafio é permitir a adaptação sem que o processo leve à anarquia, inconsistência e programas de marketing descoordenados. O modelo de visão de marca, devido a sua riqueza e flexibilidade, é bastante apropriado para diversas estratégias de adaptação. Os elementos centrais podem ser destacados seletivamente, interpretados de maneiras diferentes ou ampliados.

Enfatizando elementos diferentes da visão de marca

Uma marca que tenha uma visão central com dois a cinco itens pode escolher elementos dessa lista para maximizar seu impacto em certos mercados. Uma grande empresa de serviços financeiros estava desenvolvendo um programa de empréstimos que seria utilizado em diversos países nos quais operava. A visão de marca incluía "fácil de trabalhar", "viés afirmativo", "flexibilidade" e "velocidade". Depois da pesquisa qualitativa, foi realizado um teste quantitativo do conceito em três países representativos. O resultado indicou que cada país reagia de uma maneira muito diferente. Nos Estados Unidos, "fácil de trabalhar" e "viés afirmativo" eram os apelos mais eficazes. Em um país da Europa Oriental, "fácil de trabalhar" e "velocidade" eram os elementos mais impactantes. Em um país asiático mais desenvolvido, os vencedores foram "flexível", "fácil de trabalhar" e "velocidade". Assim, os países poderiam intensificar diferentes aspectos da visão de marca, apesar de a visão em si continuar a mesma em todos eles.

Ajustando a história de marca ao mercado local

A mesma visão de marca pode ser aplicada a diversos silos organizacionais, mas seus elementos podem ser interpretados de maneiras diferentes nos diversos mercados. O estilo simpático e interativo de um hotel pode parecer diferente em cada país. A responsabilidade social pode se concentrar em conservação de água em um país e em condições de trabalho em outro. A história de inovação de uma empresa de eletrodomésticos pode enfocar aparelhos baratos e compactos em mercados emergentes e recursos computadorizados nos mercados mais avançados.

A ChevronTexaco tem uma visão de marca central composta de quatro valores: limpa, segura, confiável e de alta qualidade. Os mercados nacionais e regionais e os grupos de produtos realizam oficinas para adaptar a visão de marca a seu contexto. Um mecanismo utilizado é interpretar os elementos centrais em seus mercados. Assim, o que significa qualidade no contexto de uma loja de conveniências? Ou no mercado de lubrificantes? O resultado é que as unidades em silos obtêm um certo nível de flexibilidade, mas ainda dentro dos limites da estratégia de marca geral.

Amplie com elementos de visão adicionais

Outra maneira de se adaptar é adicionar um elemento de visão à visão da marca mestre no contexto dos silos que será relevante e até irresistível, mas ainda coerente com a marca global.

Além de permitir que os silos interpretem os elementos da visão de marca, a ChevronTexaco também permite que os silos de países ou produtos adicionem um elemento de visão aos quatro que já se encontram na visão central. Assim, o setor de lubrificantes poderia adicionar "desempenho" e um grupo asiático poderia incluir "respeitosamente prestativo". O resultado é a maior capacidade de se conectar com o cliente do silo. Em parte, como a adição ocorre no contexto da oficina de estratégia de marca, é muito difícil adicionar um elemento que seja incoerente com a marca.

A associação agregada, como um atributo, benefício ou personalidade, deve ser avaliada pela organização em silos, mas não pelo "resto do mundo". Uma empresa de energia tinha uma marca bem definida que atuava em todo o mundo. Contudo, em um país sul-americano, os clientes estavam acostumados a ser cobrados indevidamente no posto de gasolina e a receber menos do que haviam pago. Uma bomba honesta seria um ponto de diferenciação relevante e de alta credibilidade. O elemento que foi adicionado à promessa de marca naquele país não era, sob forma alguma, incoerente com a promessa de marca global, mas apenas reforçava certos aspectos dela, como a confiança.

Com um país que abrange silos, a marca pode adicionar um sabor local ou nacional ao agregar associações que se conectam com a cultura e a tradição do país. Uma marca no mercado francês, por exemplo, poderia utilizar o patrocínio local de um programa artístico para estabelecer um elo com a cultura francesa. Poderia haver uma tensão entre ser local e ser global, mas ser ambos é extremamente possível. A Sony sempre teve o objetivo de ser três coisas em qualquer mercado: global, japonesa e local, o melhor de todos os mundos.

Imperativos estratégicos *versus* pontos de prova

A visão de marca implica uma promessa para os clientes e um comprometimento por parte da organização. Ela não pode ser um exercício de pensamento mágico. Ela precisa ser sustentada por alguma substância. Em última análise, todos os elementos de visão de marca precisam ter pontos de prova, capacidades e programas que permitam que a organização cumpra a promessa de cada elemento de visão de marca e sua proposição de valor associada. Os pontos de prova podem ser visíveis ou ficarem em segundo plano. Os pontos de prova visíveis por trás da afirmação da Nordstrom de que oferece serviço de altíssima qualidade são a sua política sobre devoluções e a sua equipe com alto nível de autonomia. O sistema de compensação dos funcionários, aliado a programas de treinamento e capacitação, são pontos de prova que o cliente não vê.

Quando os pontos de prova são fracos ou estão ausentes, é necessário encontrar um imperativo estratégico, ou seja, um investimento estratégico em um ativo, habilidade pessoal ou programa essencial para que a promessa ao cliente seja cumprida. Executar um imperativo estratégico pode exigir investimentos significativos ou uma mudança cultural.

Considere os exemplos a seguir. Para uma marca de banco regional que aspira a um relacionamento abrangente com os clientes, um possível imperativo estratégico seria equipar cada profissional de contato com o cliente com acesso a todas as contas do cliente no banco. Para uma marca de equipamento de áudio *premium* que aspira a ser líder em tecnologia, os imperativos estratégicos poderiam incluir uma expansão do programa de P&D e maior qualidade na produção. Para uma submarca econômica de um produto de limpeza doméstica que deseja ter vantagem em termos de preço, um possível imperativo estratégico seria desenvolver uma cultura centrada em custos.

O imperativo estratégico representa um confronto com a realidade, pois dá visibilidade a investimento críticos e obrigatórios, estimulando uma avaliação sobre a viabilidade da estratégia de marca. Os recursos de investimento estão disponíveis? A organização está comprometida? Ela é capaz de responder ao imperativo estratégico? Se a resposta a qualquer uma dessas perguntas for não, a organização será incapaz ou não estará disposta a cumprir a promessa de marca. A promessa se transformará, na melhor das hipóteses, em um slogan publicitário vazio, ou em um passivo de marca em vez de um ativo, na pior hipótese.

Por exemplo, se o banco regional não estiver disposto a investir as dezenas de milhões de dólares necessárias para criar o banco de dados que permitiria interações eficientes com o cliente, então o conceito do banco de relacionamento precisará ser repensado. Se a fabricante de componentes de áudio não está disposta a criar produtos inovadores e a melhorar a qualidade de produção, a marca de alto nível está fadada ao fracasso. Se a fabricante de produtos de limpeza doméstica não está disposta ou não consegue criar uma subunidade com uma cultura de custos real, então o mercado econômica será apenas uma receita para o desastre.

Em suma

É preciso ter uma visão de marca para orientar, inspirar e justificar o esforço de construção de marca. O modelo de visão de marca é multidimensional, possui elementos centrais e estendidos, inclui uma essência opcional, é ajustado ao contexto da marca, é aspiracional e pode ser adaptado a diferentes mercados de produtos. Uma parte essencial do processo de desenvolvimento de uma visão de marca é criar rótulos para o agrupamento de elementos de imagem aspiracionais. A identificação de imperativos estratégicos pode determinar a diferença entre o "pensamento mágico" e as aspirações realistas. Os próximos seis capítulos discutem conceitos que podemos utilizar para compor e ampliar uma visão de marca.

Capítulo 4

Uma personalidade de marca estabelece uma conexão

Uma marca que captura sua mente ganha comportamento. Uma marca que captura seu coração ganha comprometimento.
— **Scott Talgo, estrategista de marca**

Qual é a pior coisa que você pode dizer sobre alguém? Que não tem personalidade? Quem vai querer passar seu tempo com alguém tão chato que os outros o descrevem como não tendo personalidade? Melhor ser um idiota, pelo menos você é interessante e reconhecível. Ter personalidade é igualmente útil para as marcas.

A personalidade de marca pode ser definida como o conjunto de características humanas associadas à marca. Psicólogos e pesquisadores do consumo comprovaram, definitivamente, que as pessoas muitas vezes tratam objetos como se fossem pessoas, inclusive dando nomes a eles. Quando as marcas são tratadas como pessoas, as percepções e os comportamentos são afetados. Em um estudo, foi pedido que os participantes pensassem em usos criativos para um tijolo; quando expostos de modo subliminar a um logotipo da Apple, em vez de um da IBM, eles geravam ideias mais inovadoras. No mesmo estudo, os participantes demonstravam comportamentos mais honestos depois de expostos ao logotipo do Disney Channel do que quando expostos ao logotipo do E! Channel. A diferença de comportamento em ambos os casos foi atribuída ao poder da personalidade das marcas.[1] A mera exposição a um logotipo incentivava os indivíduos a se comportar de maneiras coerentes com a personalidade de marca.

Nem todas as marcas têm personalidade, ou pelo menos não personalidades fortes e distintas. Contudo, as marcas que têm alguma personalidade têm também uma vantagem importante, pois tendem a se destacar da multidão e a comunicar uma mensagem. A personalidade é uma dimensão importante do *brand equity*, pois, assim como a personalidade humana, ela é diferenciadora e duradoura. Depois de estabelecida, ela pode gerar benefícios (ou malefícios) de longuíssimo prazo. Sem dúvida nenhuma, criar ou apoiar uma personalidade deve ser parte da discussão sobre a visão de marca.

Construindo uma marca: por que ter uma personalidade de marca?

Ao construir uma marca, a criação da personalidade de marca pode ajudar a:

Representar e comunicar benefícios funcionais

Uma personalidade de marca pode ser um veículo para representar e indicar benefícios funcionais e atributos de marca. Pode ser mais fácil criar uma personalidade que sugere um benefício funcional do que comunicar direta e convincentemente que tal benefício funcional existe. Além disso, é mais difícil copiar ou atacar uma personalidade do que um benefício funcional, pois a personalidade se baseia em muitos elementos e geralmente é estabelecida durante um longo período de tempo. Ela não é fácil de mudar. Considere os exemplos a seguir:

- A seguradora MetLife gerou uma personalidade representada pelos personagens da Turma do Minduim, dando uma dimensão afetuosa e engraçada para uma empresa que seria considerada burocrática, impessoal e centrada no lucro. A personalidade atenua as percepções e dá vida à aspiração de ser "simpática e amigável".
- Se a Hallmark fosse uma pessoa, ela seria sincera, sentimental, simpática, genuína, sadia e atemporal, além de competente e criativa. Essa personalidade diz muito sobre as ofertas da Hallmark.
- A marca Energizer, devido a seu nome e ao símbolo do coelho, tem uma personalidade ativa, feliz e incansável que nunca fica sem energia, exatamente como a pilha que dura mais do que as outras.
- A personalidade audaciosa, atual, empolgante, vivaz e criativa da Zara afeta as percepções individuais sobre a marca suas lojas e seus produtos.

- A personalidade forte e dinâmica da Michelin, refletida no Michelin Man, sugere que seus pneus têm força e agilidade.
- A Wells Fargo, representada pela diligência, reflete um tipo independente e "caubói" que sempre cumpre o prometido. Seus concorrentes podem gerar mais confiabilidade e mais segurança para os ativos, mas, por causa da diligência, a Wells vence a batalha das percepções.

Fornecer energia

Uma personalidade de marca forte, como aquelas em torno da Mercedes, Porsche e Jeep, pode dar energia ao agregar interesse e envolvimento; na prática, ela amplifica a experiência e as percepções de marca. A maioria das redes hoteleiras sofre da falta de diferenciação e até de insipidez. A rede Joie de Vivre, por outro lado, criou energia com hotéis marcados por sua personalidade, baseados em conceitos como o estilo neo-deco, roqueiro, salões literários da década de 1930, mundo teatral e estilo de Chateau francês. Todas as companhias aéreas parecem bastante semelhantes até que consideramos a energia criada pelos perfis de personalidade de marcas como Singapore, Southwest e Virgin. Pense na energia em torno da personalidade da AXE, uma marca projetada como pessoa obcecada por mulheres atraentes e que tem sucesso entre elas.

Definir um relacionamento de marca

Uma personalidade de marca pode definir um relacionamento entre pessoas. Uma personalidade confiável, conservadora e fiel pode parecer chata, mas ainda assim reflete as características que buscamos em um assessor financeiro, em um serviço de jardinagem ou médico. A personalidade de um líder competente pode ser um atributo importante em um CEO ou gerente. O conceito de uma relação entre uma marca e uma pessoa, análogo àquele entre duas pessoas, oferece uma perspectiva diferente sobre como uma personalidade de marca funcionaria.[2] Por exemplo, considere as seguintes metáforas sobre relacionamentos:

- Uma mãe tradicional: simples, honesta, genuína, confiável e sempre presente quando você precisa, como Campbell's Soup ou Pepto Bismol.
- Um parente respeitado e querido: simpático, sentimental e orientado à família, ligado ao crescimento, como Sun-Maid Raisins, Chevrolet ou um banco local.
- Uma pessoa que você respeita enquanto professor, ministro ou empresário: bem-sucedido, talentoso e competente, como representado por IBM, McKinsey ou o *Wall Street Journal*.

- Um chefe que exerce poder ou um parente rico: pretensioso, abastado e condescendente, talvez refletindo a personalidade do Master's Golf Tournament, Trump Towers ou Lexus (com calotas douradas).
- Um amigo interessante, sempre com histórias incríveis, como a do porta-voz da cerveja Dos Equis chamado de o homem mais interessante do mundo, que, entre outras coisas, fala espanhol e russo, joga a bola de boliche como se fosse de beisebol e tem piadas íntimas com estranhos.
- Um companheiro para aventuras ao ar livre: uma personalidade atlética, vigorosa e amante da natureza, como REI ou Eddie Bauer.
- Um amigo para se divertir no final de semana: engraçado, ativo e social. A Pepsi pode ser melhor do que a Coca-Cola.

Os três últimos descritores de personalidade envolvem algum tipo de relação de amizade. Um amigo pode acompanhá-lo na mesa do bar (Miller Lite), ser carinhoso ou apenas alguém com quem você se sente à vontade. Refinar a definição do relacionamento, seja ele de amizade ou não, pode oferecer clareza e profundidade.

Orientação de programas de construção de marca

Taticamente, o vocabulário e o conceito de personalidade de marca se comunicam com quem precisa implementar o esforço de construção de marca. Saber que a marca busca ser amigável e afetuosa orienta todas as associações de marca, incluindo sua categoria de produto, posicionamento, atributos, experiências de uso, imagem do usuário, aplicações, valores da empresa e assim por diante.

Os programas de comunicação em especial precisam dessa orientação. Em termos práticos, é preciso tomar decisões sobre o sistema de comunicação, incluindo publicidade, embalagens, promoções, eventos, pontos de contato com o cliente, programas digitais e muito mais. Se a marca é especificada apenas em termos de associações de atributos, a comunicação não está recebendo nenhuma orientação. Dizer que os equipamentos de golfe TaylorMade são de alta qualidade e têm design inovador não serve de guia para nada. Contudo, dizer que a TaylorMade como pessoa é um profissional exigente comunica muito mais. Uma declaração da personalidade de marca gera profundidade e textura, viabilizando o processo de esforço comunicacional alinhado à estratégia.

Ajuda para entender o cliente

A metáfora da personalidade de marca também pode ajudar o gerente a desenvolver um entendimento aprofundado das percepções do cliente sobre a marca. Em vez de perguntar sobre percepções de atributos, que podem ser tediosas ou intrometidas, pedir que as pessoas descrevam a personalidade de marca costuma ser mais envolvente e pode produzir *insights* mais ricos e precisos sobre seus sentimentos e relações. A personalidade arrogante e poderosa atribuída à Microsoft, por exemplo, oferece um entendimento mais profundo sobre a natureza do relacionamento entre a empresa e seus clientes. Ou o construto de personalidade pode oferecer um ponto de entrada mais eficiente para entender a calma associada à marca Celestial Tea do que uma discussão sobre seus atributos.

Explorar o que a marca como pessoa diria para você é uma boa maneira de descobrir a resposta emocional que a marca provoca. Quando essa abordagem foi aplicada a um cartão de crédito, um segmento de clientes no qual a marca como pessoa era considerada nobre, sofisticada, educada, conhecedora do mundo e confiante acreditava que o cartão ofereceria comentários apoiadores e bastante positivos, como:

"Meu trabalho é ajudá-lo a ser aceito."
"Você tem bom gosto."

Um segundo segmento "intimidado" para o qual a marca de cartão de crédito foi vista como sofisticada e de alta classe, mas também esnobe, distante e condescendente, acreditava que o "cartão como ser humano" faria comentários negativos, como:

"Sou tão famoso e estabelecido que posso fazer o que quiser."
"Se fosse sair para jantar, não convidaria você para vir comigo."

Os dois segmentos de usuários tinham percepções incrivelmente semelhantes sobre a marca, mas a atitude percebida desta em relação ao cliente era um forte discriminador de atitude em relação à marca.

Qual personalidade marca?

A personalidade de marca deve ser parte da sua visão de marca? Se sim, ela deve ser um elemento de visão central, um determinante importante da diferenciação de marca e da relação do cliente ou um elemento estendido? Marcas como Virgin, Harley-Davidson, Nike, Tiffany e MUJI têm a personalidade de marca como elemento central. Se a personalidade de marca é utilizada para enriquecer o entendimento sobre a marca ou atenuar uma imagem negativa, ela deve ser um elemento estendido. A personalidade da MetLife, por exemplo, que utiliza os personagens da Turma do Minduim, seria um elemento estendido.

Nem todas as marcas devem aspirar a uma personalidade, especialmente enquanto elemento de visão central. Elas podem competir em outras dimensões. Na verdade, as marcas que possuem uma personalidade como visão de marca central estão em minoria no mercado. O uso de uma personalidade de marca como elemento de visão estendida, por outro lado, é mais comum. Em ambos os casos, a possibilidade de incluir uma personalidade de marca deve ser considerada explicitamente, pois é um bom veículo para garantir que a visão de marca está completa. Em muitos casos, por exemplo, os estrategistas de marca esquecem que poderiam usar as mesmas fontes de energia de marca. Propôr perguntas sobre personalidade de marca pode ser uma boa maneira de colocar essa necessidade em foco.

A especificação de qual personalidade de marca seria útil é um passo essencial do processo de visão de marca. Um exercício útil é solicitar aos clientes e funcionários que descrevam a marca como se fosse uma pessoa. O resultado pode fornecer *insights* e orientação para os envolvidos. A decisão final sobre a natureza da personalidade de marca desejada depende de quais funções a personalidade de marca irá desempenhar. Ela vai representar e comunicar atributos, gerar energia, definir um relacionamento, guiar decisões que afetam a marca ou ter outro propósito definido, como mitigar uma associação que impede a fidelização?

Depois da seleção, a personalidade de marca precisará ser implementada. Se o processo de implementação for difícil ou complicado, é possível que a personalidade de marca precise ser revisada. Se, no entanto, for possível dar vida à personalidade de marca por meio de símbolos, um CEO carismático, uma campanha publicitária, um patrocínio ou um estilo de interação com o cliente, a personalidade de marca escolhida pode ser um "gol de placa" e até desempenhar um papel maior na estratégia da empresa.

Uma diferença importante é a escala de personalidade de marca desenvolvida em um estudo clássico. Os entrevistados avaliaram a personalidade de seis marcas conhecidas utilizando 114 traços de personalidade. Os resultados do estudo, de que as avaliações de personalidade representavam 15 traços agrupados em cinco fatores de personalidade, estabeleceram uma linha de base para determinar o escopo das dimensões de personalidade e o ponto de partida para a geração de uma personalidade de marca pretendida.[3] Os traços do estudo foram os seguintes:

- **Sinceridade**: Home Depot, Hallmark, Chevrolet, Schwab
    - Simples: orientado à família, cidade do interior, trabalho manual, patriótico
    - Honesto: ético, atencioso, interessado
    - Genuíno: autêntico, eterno, saudável, clássico, tradicional
    - Amigável: simpático, feliz, alegre, sentimental
- **Animação**: Porsche, Absolut, Red Bull, Virgin
    - Empolgante: ousado, da moda, descolado, chamativo, provocante

- Vivaz: aventureiro, animado, extrovertido, jovem
- Divertido: surpreendente, imaginativo, exclusivo, bem-humorado, artístico
- Inovador: agressivo, atual, contemporâneo, independente
• **Competência**: AMEX, CNN, IBM, Toyota
  - Confiável: cuidadoso, sólido, trabalhador, seguro, eficiente
  - Sério: inteligente, técnico, competente
  - Bem-Sucedido: líder, confiante, influente
• **Sofisticação**: Tiffany, Four Seasons, Mercedes, Calvin Klein
  - Alta Classe: sofisticado, glamouroso, bonito, confiante
  - Charmoso: feminino, suave, sexy, gentil
• **Vigor**—Levi's, REI, Harley-Davidson, Jeep
  - Durão: forte, vigoroso
  - Vida ativa: masculino, oeste, ativo, atlético

Esse conjunto de quinze traços oferece uma perspectiva, mas pode e deve ser ampliado em praticamente todo e qualquer contexto. Para mercados de produtos específicos, alguns deles podem não ser relevantes, enquanto outros vão emergir. Isso é especialmente válido em culturas diferentes. Quando o estudo foi replicado no Japão e na Espanha, a dimensão de Vigor não foi encontrada. Em vez disso, emergiu uma dimensão de Calma. Na Espanha, também havia uma dimensão Passional.[4]

Assim como uma marca pessoal, a marca de uma oferta em geral não é descrita por uma única dimensão de personalidade. A Harley-Davidson, por exemplo, é um amante da liberdade e dos Estados Unidos, um homem com H maiúsculo disposto a fugir das normas restritivas que a sociedade impõe sobre seu comportamento e suas roupas. A Patagonia é uma ativista ambiental apaixonada pela vida ao ar livre, atuando como participante e protetora. A Ben & Jerry's Ice Cream dedica-se ao ativismo ambiental, colaborando com a comunidade e se divertindo com maluquices. Algumas marcas podem até ter dimensões conflitantes, como a Microsoft, vista ao mesmo tempo como arrogante e competente. O desafio está em administrar o conflito de modo que a personalidade "certa" domine as percepções e discussões.

Fazendo acontecer

As personalidades precisam ser criadas e apoiadas. Esse esforço pode se basear em parte em um CEO com alta visibilidade, em posicionamento de marca, atributos, embalagem, preço, imagem do usuário, patrocínios, a categoria envolvida e muito mais. Às vezes, uma opção de personalidade emerge a partir de alguma associação de marca, como um símbolo ou um patrocínio. Se não for possível criar a personalidade com autenticidade, então é preciso repensar sua viabilidade como parte da marca e sua imagem.

Em suma

A personalidade de marca pode ajudar a comunicar os atributos da oferta, gerar energia, definir um relacionamento com o cliente, orientar programas de construção de marca e iluminar as atitudes e comportamento do cliente. A seleção da personalidade certa dependerá da imagem de marca, sua visão e a função que a personalidade desempenhará no futuro. As marcas abençoadas com uma personalidade têm uma vantagem enorme para conquistar e manter sua visibilidade, diferenciação e fidelidade, pois, normalmente, copiar uma personalidade é bastante difícil e ineficaz.

Capítulo 5

A organização e seu diferencial de propósito maior

As empresas movidas por propósitos têm uma vantagem competitiva enorme. Funcionários e clientes estão sedentos por um propósito.
— **Rich Karlgaard, Editor-chefe, *Forbes***

Quando você finalmente inova a oferta de uma maneira que cria diferenciação, alguma marca concorrente copia. Ou pior ainda, parece copiar.

O que uma marca concorrente não consegue copiar é uma organização (seu pessoal, cultura, programas de tradição, ativos e capacidades), pois ela é única e especial. Assim, qualquer ponto de diferenciação ou base de um relacionamento com o cliente é determinado pela organização, que é duradoura e resiste a marcas concorrentes, não pelas características da oferta.

Em geral, a organização é representada e movida por seus valores. O que é importante para a organização? O que está em seu centro? Quais são suas prioridades em termos de estratégia, mensuração do desempenho e programas? O foco está em qualidade, inovação, programas sociais, atendimento ao cliente ou em algum outro princípio fundamental? Por quê? Que partes de sua tradição, programas, estratégia ou proposição de valor dão destaque a um ou mais de seus valores?

Os valores organizacionais podem ser úteis para qualquer marca. No caso das ofertas de serviço, no entanto, nas quais o cliente terá contato com membros da organização, os valores organizacionais se tornam particularmente importantes.

O mesmo pode ser dito sobre as empresas de B2B, nas quais a expectativa de que a organização terá os ativos e habilidades necessários para cumprir sua promessa e a força de vontade necessária para defender suas ofertas pode ser uma consideração crítica para o cliente.

A marca organizacional pode representar uma empresa, mas também uma unidade organizacional dentro da empresa, como o Lincoln (Ford), a ESPN (Disney) e o Tide (P&G). O desafio para essas unidades organizacionais é criar e comunicar seus próprios valores com o apoio de tradições, culturas e programas.

Como os valores organizacionais funcionam

A perspectiva da marca como organização, resumida na Figura 3, pode contribuir para um relacionamento com o cliente de três maneiras: apoiar uma proposição de valor, dar credibilidade como endossante e criar um propósito maior.

Apoiar uma proposição de valor

Os valores organizacionais e programas associados podem oferecer um "motivo para acreditar", sustentando os benefícios funcionais que servem de base para a proposição de valor. Uma organização que tenha a reputação de produzir ofertas inovadoras e de alta qualidade, que atraiu pessoas e desenvolveu programas que refletem essa cultura, apoia uma proposição de valor centrada em qualidade e desempenho. Um motor a jato da GE pode ser descrito em termos de especificações e dados de desempenho. Entretanto, o simples fato de ser fabricado pela GE pode ser um argumento mais persuasivo de que o produto produzirá desempenho de alto nível. As pessoas acreditam na afirmação, implícita ou explícita, de que a Lexus produz a mais alta qualidade devido à crença de que a organização Lexus tem a qualidade como valor organizacional.

Uma reputação organizacional centrada em prioridades como a preocupação com o cliente ou a qualidade será duradoura. Sempre há um concorrente capaz de oferecer especificações superiores. Mesmo quando você é superior, sempre há segmentos desinformados ou que não se convencem disso. Ter força em uma dimensão intangível oferece uma vantagem mais resistente em um mercado como esse. Por exemplo, muitos consumidores compram produtos da Samsung porque a empresa tem reputação de ser inovadora no mundo da tecnologia, mesmo quando o produto em questão pode não ser o mais avançado de todos.

A proposição de valor de uma nova oferta se baseia muitas vezes na afirmação de que esta contém um avanço revolucionário, um conceito que muitas vezes parece arrogante e vazio. A percepção de ser uma organização inovadora pode ajudar a sustentar essa afirmação. Kevin Keller, da Universidade de Dartmouth, e eu fizemos um experimento para explorar o impacto da imagem corporativa sobre a aceitação por parte do cliente de um novo produto que esteja fora da gama atual de ofertas de uma empresa.[1] Foram criadas quatro imagens corporativas diferentes (inovadora, ambientalmente consciente, preocupada com a comunidade ou neutra) em quatro contextos (confeitaria, higiene pessoal, laticínios e medicamentos de venda livre). A imagem corporativa inovadora foi significativamente mais eficaz para que os possíveis novos produtos fossem considerados mais inovadores e também de mais alta qualidade.

Dar credibilidade como endossante

Uma marca que representa uma organização, mesmo quando atua como endossante em vez de marca da oferta, pode ser uma fonte de credibilidade. Kashi, Schwab e Google, por exemplo, podem fortalecer a credibilidade de afirmações realizadas por uma marca de oferta endossada, como a GoLean, a OneSource Select List e o Gmail. Uma marca endossante é especialmente importante quando introduzimos uma oferta nova e diferente, utilizando um nome de marca desconhecido. Ela pode fazer toda a diferença para um programa de inovações de novos produtos, pois reduz o "risco" para o cliente.

A ORGANIZAÇÃO
- Valores
- Pessoas/Cultura
- Tradição
- Programas
- Ativos/Habilidades

ASSOCIAÇÕES ORGANIZACIONAIS
- Percepção de Qualidade
- Inovadora
- Preocupação com Clientes
- Presença/Sucesso
- Conexão Local
- Sensibilidade Ambiental
- Programas Sociais

APOIAR UMA PROPOSIÇÃO DE VALOR

CREDIBILIDADE COMO ENDOSSANTE

PROPÓSITO MAIOR

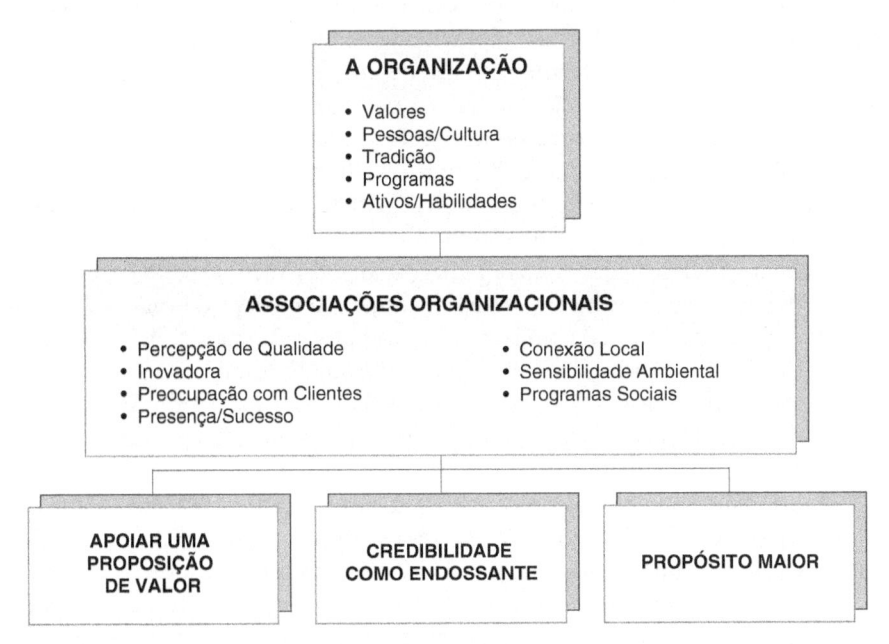

Figura 3 Como as associações organizacionais geram diferenciação.

A função do endossante é afirmar que qualquer marca de oferta endossada será capaz de cumprir sua promessa. O Fairfield Inn da Marriott é muito diferente dos outros hotéis da rede, mas o endosso da Marriott sinaliza que a empresa defenderá sua marca endossante. Uma das bases desse pressuposto é que a organização é tão competente, tem acesso a um conjunto tão impressionante de recursos e é tão digna de confiança que qualquer marca endossada será capaz de cumprir o que promete. Outra é que a organização endossante está colocando sua reputação em jogo, então qualquer inadequação da oferta afetará sua reputação, algo que simplesmente não pode e não será permitido.

Um propósito maior: a base para um relacionamento

O propósito maior é um objetivo organizacional superior que vale a pena ser concretizado porque melhora a vida de algumas pessoas. O propósito maior da Crayola é ajudar pais e professores a educar crianças inspiradas e criativas, missão que, com certeza, é muito mais nobre e ambiciosa do que vender giz de cera. O propósito maior da Tanita, fabricante japonesa de balanças domésticas e profissionais para medir peso e índice de gordura corporal dos usuários, é ajudar as pessoas a melhorar sua saúde com uma alimentação melhor. O propósito da Tanita ganhou visibilidade com o conhecido refeitório com alimentos saudáveis para seus funcionários, um livro de receitas usado por cerca de 10% das famílias japonesas e um restaurante de sucesso, todos baseados em um cardápio "melhor para você".

O propósito maior determina a base de um relacionamento com os clientes, elevando a organização acima da competição de "minha marca é melhor que a sua" e todo o ruído correspondente. No processo, esse relacionamento se torna mais forte e mais imune à concorrência do que uma relação baseada em benefícios funcionais. Ele também oferece satisfação e até inspiração para os funcionários, como discutido no Capítulo 14.

O cliente pode se ligar a uma organização devido a seu respeito e admiração pelo propósito maior desta. Muita gente admira o esforço da marca Dove de orientar meninas e mulheres a buscar a beleza real e a fortalecer sua autoestima. Ou o esforço da Disney para combater a obesidade infantil. Ou o sonho da Apple de criar produtos insanamente excelentes. Ou a capacidade do Discovery Channel de ajudar a família a explorar. Esses clientes afetados por uma ideia de propósito maior vão querer apoiá-la e se tornar parte de sua "família".

O propósito maior pode levar a um relacionamento de "gostar". Os fãs da varejista japonesa MUJI gostam da empresa por causa de sua visão de simplicidade, moderação, humildade, autocontrole, serenidade e promoção do ambiente natural (a MUJI possui vários parques). Os produtos da MUJI são projetados para serem discretos e funcionais, não chamativos, e maximizar as vendas não é o critério mais importante. Esse gostar pode se basear em estímulos ou inspiração. Os clientes gostam da Asian Paints, terceira maior fabricante de tinta da Índia, porque a empresa os inspira com seus esforços de ir além da venda de tinta, dando às pessoas confiança em sua capacidade de selecionar cores para a pintura de interiores. A Southwest Airlines gera simpatia por seu propósito maior de injetar humor e diversão na viagem aérea para reduzir o estresse e o tédio.

O fato de que as pessoas gostam de você influencia o modo como algumas informações, sejam elas positivas ou negativas, são filtradas e processadas. E quando o "gostar" é criado, ele tende a perdurar.

Valores organizacionais

Dezenas de valores organizacionais diferentes podem ser utilizados em qualquer contexto, mas sete aparecem e reaparecem como grandes forças motivadoras. Entendê-los também permitirá desenvolver uma visão geral sobre o conceito de como os valores funcionam e, em especial, a função que a cultura organizacional e os sistemas de recompensa desempenham nesses valores.

Percepção de qualidade

Uma função organizacional básica é criar ofertas que produzam alta qualidade com relação a sua promessa de marca. A percepção de qualidade é uma consideração fundamental em praticamente todos os contextos de escolha. Há uma diferença entre o argumento de que uma oferta é da maior qualidade e a afirmação mais geral de que a organização valoriza e recompensa a qualidade, tanto que agirá de modo a garantir que todas as suas ofertas atendam a esse padrão. Assim, o cliente não precisa analisar especificações, ler resenhas e conversar com outros usuários. Basta saber qual organização projetou e produziu a oferta. Slogans famosos como "Quality is Job One" ("Qualidade em Primeiro Lugar") na Ford, "We try harder" ("Nós nos esforçamos mais") na Avis e "You're in good hands" ("Você está em boas mãos") na State Farm refletem o comprometimento com qualidade em nível organizacional. Contudo, essas chamadas obviamente precisam ser sustentadas com credibilidade, utilizando programas e a experiência certa para o cliente, para que não se transformarem em promessas vazias.

Inovação

Ser inovador é um dos valores organizacionais mais universais. A maioria das organizações deseja ser conhecida como inovadora para estar associada a ofertas avançadas, uma empresa dinâmica e uma marca contemporânea com energia e movimento. Uma reputação inovadora é considerada essencial e obrigatória em empresas nas quais a tecnologia é parte importante das ofertas ou quando avanços na oferta em si são parte da proposição de valor.

Preocupação com clientes

Muitas organizações, como Zappos.com, Lexus e Mayo Clinic, têm como valor central a orientação aos clientes, a ideia de sempre colocar o cliente em primeiro lugar. Eles, e outros orientados dessa forma, criaram uma fidelidade significativa baseada em programas e cultura visíveis voltados para o atendimento dos clientes. Se a empresa puder comunicar essa filosofia com credibilidade, os clientes ganharão confiança sobre seus produtos e serviços e, mais ainda, sentirão que alguém se importa com eles. É muito mais fácil gostar de alguém que gosta de você.

Diversas marcas corporativas tornaram o conceito de ser amigo ou colega dos clientes um dos elementos definitivos e determinantes de suas visões de marca. A metáfora do amigo e colega, como observado no Capítulo 4, é poderosíssima, pois um relacionamento que segue essa definição sugere que a marca atenderá os desejos do cliente com honestidade, carinho, confiabilidade e respeito.

Sucesso/tamanho

Sucesso, tamanho e longevidade sugerem competência e substância, até excelência. Eles levam a confiança, atitudes positivas e, às vezes, até prestígio, (especialmente na Ásia). As pessoas se sentem seguras quando a organização tem recursos para sustentar seus produtos e a reputação criada por um longo histórico no setor, especialmente em mercados de alta tecnologia. Simplesmente ser conhecido e ter visibilidade também afeta a experiência de uso, o que reforça a reputação. As pesquisas demonstram que os testes de degustação de produtos embalados são afetados quando o nome da marca é conhecido.

Uma empresa de sucesso é vista como boa naquilo que faz. Os clientes se sentem seguros ao saber que outros clientes selecionaram a marca. Por várias décadas, a GE criou uma marca forte principalmente com sua aura de sucesso no mercado, validada por um CEO famoso e pela bolsa de valores. Além disso, há certo conforto na velha expressão, hoje um tanto anacrônica, de que "ninguém é demitido por comprar da IBM". A reputação de sucesso pode justificar uma decisão de compra.

Foco local

Uma opção estratégica é ser considerado uma marca local de uma empresa local. Assim, a Lone Star, "A Cerveja Nacional do Texas", é parte da comunidade e se utiliza do fato de que um segmento se identifica com a tradição texana da Lone Star, que remonta a mais de um século. Comprar e beber a cerveja Lone Star pode ser uma maneira de expressar orgulho e amor pelo Texas.

Mas a opção local não precisa se limitar a empresas locais. Algumas das marcas mais bem-sucedidas da Europa fazem sucesso porque escolheram adotar um sabor local; elas são aceitas como parte da cultura local e não são consideradas estrangeiras. Assim, a rede hoteleira Holiday Inn é considerada "local" em muitas partes da Europa, especialmente na Alemanha. Os ingleses consideram a Heinz como uma marca sua, apesar de ser americana e ter um nome alemão. A Opel da GM é considerada alemã na Alemanha e a Ford é vista como marca britânica na Grã-Bretanha.

Programas ambientais

É incrível o número de empresas que adotaram programas ambientais e não ficaram apenas no discurso, gerando resultados substanciais. Elas acreditam que essa é a coisa certa a fazer, que, com isso, os funcionários desenvolvem sentimentos positivos em relação a empresa e que isso gera uma conexão com a parcela significativa de clientes que se importam com o tema. O segmento que simpatizará com os esforços de sustentabilidade pode ser minoritário, talvez 10 a 40% do mercado, dependendo do contexto e da definição de "se importar", mas esse grupo ainda pode ser a diferença entre o sucesso e a mediocridade no mercado.

A Unilever é um bom exemplo, e não atípico. Em 2010, a empresa lançou o Unilever Sustainable Living Plan, no qual se compromete a trilhar uma jornada de dez anos em busca do crescimento sustentável. O plano tem três objetivos significativos:[2]

- Ajudar mais de um bilhão de pessoas a melhorar sua saúde e bem-estar. Durante um período de sete anos, mais de 35 milhões de pessoas tiveram acesso à água potável devido aos esforços da Unilever.
- Reduzir pela metade a pegada ambiental de seus produtos ao aumentar a porcentagem de energia renovável utilizada pela Unilever em relação ao consumo total de energia.
- Permitir que a Unilever obtenha 100% de suas matérias-primas agrícolas de fontes sustentáveis. Nos primeiros dois anos do plano, a porcentagem subiu de 14% para 24%.

Sustentando esses três objetivos amplos, a empresa estabeleceu mais de 50 metas com prazos definidos, desde a aquisição de matérias-primas até o uso de seus produtos no ambiente doméstico.

Programas sociais

Um objetivo de propósito maior também pode se concentrar em enfrentar necessidades sociais com programas, especialmente aqueles que se adaptam à organização e podem empregar ativos e habilidades organizacionais. Por exemplo:

- A McDonald's tem a Ronald McDonald House, fundada quase quarenta anos atrás, que fornece moradia para famílias de crianças hospitalizadas, e a Ronald McDonald Care Mobile, que fornece serviços de saúde para crianças carentes.
- A KitchenAid tem o Cook for the Cure, um programa que levanta dinheiro desde 2001 para a organização Susan G. Komen for the Cure (dedicada a combater o câncer de mama).
- A causa Live, Learn, and Thrive da P&G ajuda crianças carentes ao redor do mundo a ter um início de vida saudável, a receber acesso a educação e desenvolver habilidades para a vida.
- A Toms dá um par de sapatos para uma criança carente para cada sapato vendido. Sua chamada é "One for One" ("Um por Um").

Administrando a marca organizacional

Além de ser apoiado por uma cultura forte e uma estrutura de recompensas, um valor organizacional também precisa ser apoiado por um comprometimento real de longo prazo, com recursos empregados e resultados mensurados. Ele não pode ser apenas verbal, é preciso haver uma substância concreta, movida por uma crença forte e consistente de que os valores são apropriados para a organização e sua estratégia. Além disso, é preciso haver uma cultura e programas guiados por um plano para dar vida aos valores.

Entretanto até uma substância significativa raramente leva a algum crédito no mercado. O resultado é que um dos principais benefícios de se ter valores organizacionais fortes acaba se perdendo. Receber crédito no mercado pode ser difícil, pois praticamente todos os concorrentes afirmam ter o mesmo conjunto de valores, e os valores envolvidos quase sempre são intangíveis, o que dificulta sua comunicação. Algumas diretrizes:

Uma abordagem é criar ou alavancar uma oferta que representa o valor. No Japão, as duas marcas consideradas mais fortes em programas sociais, de mil marcas pesquisadas durante 10 anos, foram a Toyota, para a qual o Prius conta a história, e a Panasonic, que era representada bravamente por seus eletrodomésticos com alta eficiência energética e seus sistemas de controle de energia.[3] Em ambos os casos, as evidências se baseavam em produtos muito bem comunicados, o que as tornava persuasivas.

Outra abordagem é desenvolver programas de marca substanciais e de alta visibilidade que funcionem e então apoiá-los constantemente. A Patagonia, por exemplo, tem tradição de se preocupar com o meio ambiente, começando por seus equipamentos de alpinismo reutilizáveis, na década de 1970. A empresa assumiu papéis de liderança em programas como a Conservation Alliance (1989), em que as empresas fazem contribuições anuais usadas para financiar causas de conservação ambiental, e a Organic Exchange (2002), que promove o algodão orgânico.

A Patagonia lançou uma iniciativa radical em 2005. Batizada de Commons Threads ("fios em comum"), seu objetivo é minimizar o custo ambiental do vestuário por meio de seus programas de redução, reparo, reutilização e reciclagem de roupas. *Redução* significa não comprar peças de roupa que não seriam realmente necessárias. A Patagonia publicou um anúncio de página inteira no *New York Times* aconselhando as pessoas a não comprarem uma de suas jaquetas populares porque sua fabricação gastava muita água e energia. *Reparo* significa devolver roupas à Patagonia para que a empresa as conserte por um valor simbólico. *Reutilização* significa doar peças de roupa para a caridade ou vendê-las no site da Common Threads no eBay ou no site da Patagonia. *Reciclagem* significa colocar itens recicláveis nos recipientes apropriados; a matéria-prima é reciclada e transformada em novas peças de roupa da marca Patagonia.

O trabalho de comunicação fica mais fácil se houver um componente emocional. O programa Adopt-A-Pet da PetSmart salvou a vida de mais de 5 milhões de animais de estimação e todos eles têm uma história especial. O esforço da Unilever de disponibilizar água potável em áreas pobres de Bangladesh e outras regiões do mundo gera histórias globais sobre o número de pessoas assistidas, além de histórias individuais sobre vilas que tiveram mudanças positivas em seus estilos de vida e saúde.

Se os programas estiverem ligados à tradição e ao histórico da empresa, melhor. A tradição de um fundador ou evento que estabeleceu a essência da marca pode ser um fator importante na comunicação e inspiração. A história sobre as raízes da marca tende a ser rica e relevante, destacando a marca entre outros produtos. O Capítulo 14 apresenta histórias desse tipo envolvendo as marcas L.L. Bean e Nordstrom.

Em suma

Os valores organizacionais, como priorizar qualidade, inovação ou clientes, que geram diferenciação de marca e servem de base para uma relação com o cliente, são duradouros porque são difíceis de copiar. Eles representam e, logo, comunicam uma proposição de valor, dão credibilidade enquanto patrocinador e criam um propósito maior valorizado por clientes e funcionários. Um desafio é identificar quais são os valores organizacionais que funcionarão para qual marca. Outro é descobrir maneiras de receber crédito por tais valores no mercado.

Capítulo 6

Vá além dos benefícios funcionais

É impossível conquistar o coração dos clientes quando você próprio não tem coração.
— **Charlotte Beers, J Walter Thompson**

Quando identificamos os principais anúncios impressos e as melhores chamadas do último século da publicidade, aquele escrito em 1926 por um jovem redator chamado John Caples, ainda em seu primeiro ano no emprego, sempre entra na conversa. O anúncio é conhecido por sua chamada:

"Eles riram quando me sentei ao piano... mas quando comecei a tocar...!"

Sua missão? Convencer as pessoas a comprarem aulas de piano por correspondência da U.S. School of Music.

Sob a imagem de um jovem em uma festa, sentando-se em frente ao piano, a chamada prepara e até resume a história, recontada em detalhes no anúncio. O herói foi ridicularizado pelos convidados quando se sentou, mas as piadas se transformaram em elogios e aplausos quando ele começou a tocar poucos meses depois de iniciar o seu curso por correspondência. Além de receber a aclamação da crítica, o anúncio trouxe muitos clientes para a empresa, o que é muito mais importante.

Esse anúncio ainda tem muito a nos ensinar. Não havia quase nada sobre a oferta ou o processo de aprender a tocar piano no anúncio. Ele contava uma história, detalhada e dramática, sobre o que acontecia quando alguém fazia o curso por correspondência. O mais incrível é que o anúncio demonstra que os benefícios funcionais não são o ponto certo de persuasão e comunicação. Na verdade, o que chama a atenção são os benefícios emocionais, de autoexpressão e sociais. A emoção não está apenas no pianista que tem desempenho excelente em um contexto de alta pressão, mas naqueles que escutam sua narrativa e se orgulham de seu sucesso. Esse é o benefício de autoexpressão: a possibilidade da pessoa de expressar seu talento, sua perseverança e sua capacidade de enfrentar as dúvidas e zombaria alheias. O anúncio também comunica o benefício social quando o homem passa a ser aceito em um grupo de referência desejável e, mais do que isso, conquista a admiração desse grupo.

Infelizmente, é muito comum encontrar o que chamo da armadilha da obsessão pelos atributos do produto, na qual a gerência tática e estratégica da marca se concentra excessivamente nos atributos e benefícios funcionais do produto. Os atributos do produto, como os quilômetros por litro de um Ford Fusion, a qualidade dos produtos da Kraft, a competência do Bank of America ou o fato do Subaru ser excelente na neve são considerados dominantes no relacionamento de marca.

Há algo de atraente em se concentrar nos benefícios funcionais. Nosso pressuposto, especialmente se residimos no setor de alta tecnologia ou B2B, é que os clientes são racionais e tomarão suas decisões com base em benefícios funcionais. O pressuposto se baseia no instinto e no conhecimento de que os clientes, quando perguntados, dirão que compram uma marca ou evitam outra por razões funcionais. Afinal, é isso que a eles ocorre, e qualquer outra resposta passaria uma má impressão sobre sua tomada de decisão. Os *insights* resultantes apoiam a armadilha da obsessão pelos atributos do produto e muitas vezes têm uma influência desproporcional sobre a estratégia.

A visão do "indivíduo racional" sobre os clientes é confortável, mas, em geral, equivocada. Os clientes quase sempre estão longe de serem racionais, como documentado por diversos autores, como Dan Ariely em *Previsivelmente Irracional*.[1] É algo que vemos todos os dias. As pesquisas sobre caminhonetes, por exemplo, sugere que atributos racionais como durabilidade, recursos de segurança, opções e potência são considerados os mais importantes pelos clientes. No entanto, atributos mais intangíveis como "aparência legal", ser "divertido de dirigir" e "sensação de poder" têm maior probabilidade de influenciar os clientes, que, muitas vezes, não podem ou não conseguem admitir que esses atributos supostamente supérfluos são importantes. Ninguém duvida de que, mesmo as companhias aéreas que compram aviões repletos de detalhes, acabam sendo influenciadas por seus instintos. Na maioria dos casos, os clientes não têm a motivação, o tempo, as informações ou a competência para tomar decisões que maximizem resultados de desempenho e então projetam benefícios funcionais a partir de outras associações de marca.

Pior ainda, as estratégias baseadas em benefícios funcionais muitas vezes são estrategicamente ineficazes. Os clientes podem não acreditar que o benefício representa um motivo convincente para comprar ou então pressupõem que todas as marcas são adequadas com relação a um benefício funcional. No setor hoteleiro, por exemplo, a eficiência no *check-out* é importante, mas todos os hotéis são considerados mais ou menos iguais nessa dimensão. O mais desanimador de tudo é que os concorrentes podem copiar, ou parecer copiar, qualquer vantagem funcional.

As estratégias de benefícios funcionais também são restritivas, pois, muitas vezes, confinam a marca, especialmente em se tratando de responder a mercados em mutação ou a explorar extensões de marca. O fato de que a Heinz é sinônimo de ketchup encorpado e que sai lentamente da embalagem pode limitar sua função em estratégias de extensão, enquanto a associação da Contadina com os italianos dá mais flexibilidade de extensão. Na prática, uma fonte de força para um atributo se transforma em uma fraqueza.

Assim, faz sentido ir além dos benefícios funcionais e da oferta. O uso de associações organizacionais (inovação, busca da qualidade e preocupação com o meio ambiente, por exemplo) e da personalidade de marca (como ser considerado de alta classe, competente e confiável), analisado nos dois últimos capítulos, fazem exatamente isso. Outra abordagem é considerar os benefícios emocionais, de autoexpressão e sociais como parte da visão de marca e base para a proposição de valor.

Benefícios emocionais

Um benefício emocional relaciona a capacidade da marca de fazer o comprador ou usuário sentir algo durante o processo de compra ou experiência de uso. "Quando compro ou uso esta marca, eu me sinto _____". Assim, um cliente pode se sentir animado quando dirige um Porsche, ou relaxado quando bebe um chá da Celestial Seasonings, em controle quando usa TurboTax, viril quando veste Levi's ou querido quando recebe um cartão da Hallmark. A Evian, com sua chamada "Another day, another chance to feel healthy" ("Outro dia, outra chance de se sentir saudável"), se associou com o sentimento de satisfação que nasce de uma boa sessão de exercícios físicos. A Cars.com, com sua ferramenta de comparação, substitui o drama e o estresse da experiência de compra de um carro por uma sensação de calma e confiança.

Os benefícios emocionais agregam riqueza e profundidade à marca e à experiência de possuir e utilizar a marca. Sem as memórias evocadas pelas uvas-passas Sun-Maid, a marca seria praticamente uma *commodity*. A embalagem vermelha tradicional faz com que muitos usuários lembrem de uma época mais feliz, quando ajudavam suas mães na cozinha (ou a infância idealizada de quem deseja ter tido experiências como essa). O resultado pode ser uma experiência de uso diferente, repleta de sentimentos, e uma marca mais forte.

As identidades de marca mais fortes têm benefícios funcionais e emocionais. Um estudo de Stuart Agres corrobora essa afirmação.[2] Um experimento de laboratório envolvendo xampus mostrou que adicionar benefícios emocionais (você vai se sentir e parecer ótima) aos benefícios funcionais (seu cabelo vai ter volume) torna o produto mais atraentre. Um estudo de seguimento descobriu que 47 comerciais de TV que incluíam um benefício emocional atingiam níveis significativamente maiores de eficiência (usando um procedimento padronizado de teste laboratorial de comerciais) do que 121 comerciais que mostravam apenas um benefício funcional.

Benefícios de autoexpressão

As pessoas expressam seu "eu" real ou idealizado de diversas maneiras, como empregos, amigos, atitudes, opiniões, atividades e estilos de vida. As marcas que as pessoas gostam, admiram, discutem, compram e usam representam também um veículo para expressar uma autoimagem real ou ideal. "Quando compro ou uso esta marca, eu sou _____". Gerar benefícios de autoexpressão é a essência para ser uma marca carismática.

A marca não precisa ser a Harley para gerar benefícios autoexpressivos. A pessoa pode ser legal por comprar roupas na Zara, bem-sucedida por dirigir um Lexus, criativa por usar Apple, boa mãe por preparar cereais quentes da Quaker Oats, inteligente por estudar em Yale, vanguardista por ter um quadro de um artista da moda, frugal e despretensiosa por fazer compras no Kmart ou aventureira e ativa por ter material de acampamento da REI. Usar uma conta da Schwab sinaliza uma pessoa que sabe administrar um portfólio de investimentos. Sua chamada, "Own your tomorrow" ("Seja dono do seu amanhã"), comunica essa expressão de independência.

Cada indivíduo interpreta diversos papéis. Uma mulher pode ser esposa, advogada, mãe, tenista, fã de música e amante de caminhadas. Em cada um deles, a pessoa tem um autoconceito associado, a necessidade de expressar esse autoconceito e um conjunto de marcas que ajuda a satisfazer essa necessidade.

Quando a marca oferece um benefício de autoexpressão, a conexão entre ela e o cliente provavelmente é intensificada. Considere a diferença entre usar Oil of Olay (que, segundo as pesquisas, aumenta o autoconceito de ser gentil e maduro, mas também exótico e misterioso) e usar Jergens ou Vaseline Intensive Care Lotion, os quais não oferecem um benefício comparável em termos de autoexpressão.

Benefícios sociais

Uma marca pode fazer a pessoa pertencer a um grupo social e, assim, transmite benefícios sociais. "Quando compro ou uso esta marca, o tipo de pessoa com o qual me relaciono é _____". Um benefício social é poderoso porque dá uma sensação de identidade e pertencimento, duas motivações humanas bastante básicas. A maioria das pessoas precisa ter um nicho social, seja ele uma família, equipe de trabalho, grupo de recreação, etc. Esse ponto de referência social pode desempenhar uma função no processo de definir um indivíduo e influenciar as marcas que ele compra, usa e valoriza.

A Hyatt reestruturou e reformulou a marca de seus hotéis de estadia prolongada em torno de uma posição de benefício social. A marca Hyatt House se concentrou em proporcionar sensações e experiências sociais. Os hotéis receberam um lounge espaçoso, churrasqueira e espaço para fogueiras no pátio, sistema de entretenimento avançado, mesa de bilhar e ilha multiuso nas suítes, todos projetados para otimizar o hábito da "reuniãozinha". Além disso, as experiências do café da manhã e do happy hour foram aprimoradas para criar mais oportunidades sociais.

Quando uma comunidade influenciada por marcas se forma em torno dos valores e estilo de vida de uma pessoa, o resultado é a criação de um benefício social. A Kraft Kitchens formou uma comunidade em torno da preparação de pratos e refeições saborosas, saudáveis e fáceis de preparar. A comunidade oferece a sensação de pertencer a um grupo que compartilha um interesse e aceita seus membros. Quanto mais engajada for a pessoa, mais intensa será sua sensação de pertencimento. O poder das comunidades será explorado nos Capítulos 11 e 12.

Outro tipo de benefício social ocorre quando uma marca define ou se liga a um grupo de referência, um grupo com o qual o indivíduo se identifica e valoriza. O indivíduo pode não ser parte do grupo de referência, ou pelo menos não ser ativamente parte dele, mas, se sua identificação é tão forte, o grupo se torna importante em sua vida. Os consumidores do vinho Opus One podem ter afinidade com um grupo de referência de especialistas em Opus One, criando a sensação de identidade e pertencimento, mesmo que não conheçam nenhum desses especialistas pessoalmente. Os usuários da Starbucks estão dizendo, na prática: "Quando vou a Starbucks, sou parte de um clube fechado de fãs de café e cafeterias, mesmo que não interaja com nenhum deles". O grupo de referência também pode ser aspiracional: "Quando jogo com uma bola de golfe Titleist Pro V1, faço parte de um grupo de excelentes golfistas".

Combinação de benefícios

Esses três benefícios, muitas vezes, estão relacionados, e uma marca ou seus programas associados podem envolver ativamente dois deles ou os três. A BeautyTalk, comunidade web da Sephora sobre beleza, poderia oferecer um benefício emocional satisfatório de ter uma boa aparência, um benefício de autoexpressão de entender sobre uma área importante, se não de ser especialista nela, e também o benefício social de ser parte de uma comunidade. A Zipcar oferece o benefício emocional em torno da experiência legal de ativar um carro disponibilizado em um local conveniente usando seu Zipcard, o benefício de autoexpressão de evitar o custo e a incomodação de ter um carro e o benefício social de pertencer a um grupo urbano que conserva energia. Esse também foi o caso do anúncio "Eles riram...", apresentado no início deste capítulo.

Quando múltiplos benefícios estão presentes, é útil priorizá-los, pois sobre qual perspectiva será dominante pode se tornar uma questão crítica, impactando a maneira como os benefícios são intensificados e destacados. Por exemplo, os benefícios emocionais tendem a envolver o ato de usar o produto (vestir um avental de cozinha confirma que você é um cozinheiro gourmet), enquanto os benefícios de autoexpressão tendem a se concentrar nas consequências de utilizar o produto (orgulho ou satisfação com a aparência de uma refeição bem feita) e os benefícios sociais imaginam os outros indivíduos afetados pela experiência de uso (os sentimentos de quem mais ajuda a cozinhar ou consumir a refeição). Essas diferenças sugerem que é importante saber qual a perspectiva que está sendo utilizada.

Quais benefícios?

Como identificar possíveis benefícios emocionais, de autoexpressão ou sociais? Uma abordagem é analisar a experiência dos clientes mais fiéis. Muito provavelmente, eles têm experiências que vão além dos benefícios funcionais. Assim, é possível explorar o potencial de expansão de suas experiências para um grupo maior de clientes.

Outra abordagem é pensar sobre os benefícios que a oferta e a marca poderiam criar se a oferta fosse expandida ou se os programas apropriados fossem iniciados. Ao realizar essas análises, é útil empregar técnicas de pesquisa que se concentrem em motivações básicas, pensamento criativo e a exploração de como outras marcas vão além dos benefícios funcionais.

Uma última opção seria considerar a criação de uma personalidade forte ou a intensificação dos valores organizacionais. Todas essas opções tendem a gerar benefícios emocionais, de autoexpressão ou sociais.

Em suma

A personalidade de marca, as associações organizacionais, os benefícios emocionais, os benefícios de autoexpressão e os benefícios sociais são fatores poderosos na fidelidade e nos relacionamentos de marca, tornando-os mais amplos e mais profundos do que os benefícios funcionais definidos pela oferta. Eles mexem com necessidades e motivações extremamente básicas. A capacidade dos concorrentes de perturbar um relacionamento baseado em um apelo de benefício funcional fica reduzida. Transcender os benefícios funcionais traz vantagens enormes para a organização.

Capítulo 7

Crie "itens obrigatórios" que tornem os concorrentes irrelevantes

Você não quer apenas ser considerado o melhor dos melhores. Você quer ser considerado o único que faz o que faz.
— **Jerry Garcia, The Grateful Dead**

O grande sucesso de uma marca acontece quando o ponto de diferenciação se torna um "item obrigatório" que define uma nova subcategoria (ou, às vezes, uma nova categoria) e torna os concorrentes irrelevantes. Uma parcela significativa dos clientes sequer considera qualquer marca que não tenha esse "item obrigatório".[1]

Inovações desse tipo não acontecem com frequência. Quando acontecem, no entanto, os estrategistas de marca precisam se agarrar à oportunidade, reconhecer que ela oferece algo maior do que um ponto de diferenciação e administrá-la da maneira apropriada. Além de desenvolver um "item obrigatório", a empresa precisa levá-lo ao mercado e erguer barreiras aos concorrentes para que o luxo de competir em um mercado no qual a marca tem um monopólio, ou quase isso, não desapareça cedo demais. Não é fácil, mas o potencial positivo é enorme.

Um "item obrigatório" pode se basear em uma inovação transformacional que cria uma oferta com características que os clientes precisam ter. Ele muda o que é comprado e usado. A inovação transformacional vira tudo de pernas para o ar. Pense na SalesForce.com promovendo a computação em nuvem, o Cirque du Soleil reinventado o circo e a Keurig criando uma cafeteira de dose única. Em cada um desses casos, a inovação mudou o que é comprado e usado.

Um "item obrigatório" também pode vir de uma inovação substancial, algo que não altera as características básicas da oferta, mas ainda cria melhorias significativas. Um novo recurso ou serviço "obrigatório" é adicionado ou uma ou mais características da oferta é melhorada tão drasticamente que os clientes passam a rejeitar a opção que não a inclui. A Under Armour criou uma linha de vestuário de um bilhão de dólares baseada em novos tecidos que absorvem umidade e respiram melhor do que os outros. O Kevlar, um ingrediente de marca, oferece uma melhoria inovadora significativa, definindo uma subcategoria no mercado de proteção pessoal.

Uma inovação incremental, que melhore ou fortaleça a preferência de marca com um "item desejado" no contexto de subcategorias (ou categorias) existentes, não se qualificaria.

O "item obrigatório" pode melhorar ou fortalecer a oferta com:

- Um **recurso**, como o maior conteúdo de fibra da Fiber One.
- Um **benefício**, como aquele fornecido pelo Nike Plus, o tênis de corrida com chip integrado que permite que os usuários registrem e compartilhem seus dados de treinamento.
- Um **design atraente**, como os dos produtos da Apple.
- Uma **oferta de sistema** que combina componentes como o CRM da Siebel, que integra sistemas e plataformas de contato de clientes.
- Uma **nova tecnologia**, como o supercomputador Watson da IBM.
- Um **produto** projetado para um segmento, como a Luna, a barra de cereais para mulheres.
- Um **preço radicalmente menor**, como aquele oferecido pela companhia aérea JetBlue.

Um "item obrigatório" também pode envolver uma base para um relacionamento com o cliente que não gire em torno da oferta, mas seja importante para o cliente, como:

- Um **interesse compartilhado**, como o Pampers Village, um site com dicas de como cuidar de bebês.
- Uma **personalidade** envolvente, como a energia da Red Bull, a competência da Charles Schwab, a irreverência da Virgin, o humor da Southwest ou o serviço exótico da Singapore Airlines.
- Uma **paixão**, como aquela demonstrada pela Whole Foods Market por alimentos orgânicos e saudáveis.
- **Valores organizacionais**, como ser centrado no cliente (Nordstrom), inovador (3M), global (Citibank), envolvido em questões sociais (Avon) ou preocupado com o meio ambiente (Patagonia).

Seja qual for a situação, o "item obrigatório" é uma característica ou elemento da relação de marca considerado necessário por um segmento de tamanho significativo para que a marca seja considerada e, logo, relevante.

O retorno do "item obrigatório"

Criar "itens obrigatórios" por meio de inovação substancial ou transformacional e tornar os concorrentes irrelevantes ou menos relevantes não é apenas desejável. Com raras exceções, essa é a única maneira de crescer. Vale repetir: com raras exceções, é a única maneira de crescer!

A estratégia mais frequente é, sem dúvida, participar do que chamo de competição por preferência de marca, a qual se concentra em tornar a marca preferida entre as escolhas consideradas pelos clientes em determinada subcategoria. O objetivo é superar a concorrência pelo uso de inovações incrementais, tornando a marca cada vez mais atraente ou menos dispendiosa. O mantra é "mais rápido, mais barato, melhor". São alocados recursos para comunicar de forma mais eficaz, utilizando anúncios mais inteligentes, promoções mais impactantes, patrocínios com maior visibilidade e programas de mídias sociais mais envolventes. Você vence quando sua marca se torna a preferida, em contraponto ao objetivo de torná-la a única marca relevante, ou seja, a única marca que é considerada.

O problema é que o marketing do "minha marca é melhor do que a sua" quase nunca muda o mercado, por maior que seja o orçamento de marketing disponível ou mais esperta for a inovação incremental. A estabilidade dos posicionamentos de marca em quase todos os mercados é estarrecedora. A inércia dos clientes e dos mercados é simplesmente forte demais. A competição por preferência de mercado também não é nada divertida.

Com raras exceções, uma estrutura de mercado só passa por mudanças significativas quando um novo "item obrigatório" é introduzido devido a uma grande inovação. Por exemplo, a trajetória de participação de mercado das cervejarias japonesas mudou apenas quatro vezes durante quatro décadas. Em três dessas ocasiões, uma marca criou ou acelerou um "item obrigatório" que definiu uma nova subcategoria (Asahi Dry Beer em 1986, Kirin Ichiban em 1990 e a Happoshu da Kirin no final da década de 1990).[2] A quarta foi quando duas das principais subcategorias, não apenas as marcas, foram reposicionadas (em 1995, a Asahi se reposicionou na subcategoria *dry* e a Kirin se reposicionou como *lager*). Todo o marketing nos outros anos não mudou nada.

É possível analisar qualquer categoria e encontrar o mesmo resultado. Com raras exceções, a marca só tem crescimento real quando um novo "item obrigatório" é introduzido. Nos automóveis, por exemplo, a dinâmica de mercado foi determinada por inovações representadas por marcas como Mustang e Taurus da Ford, o Fusca da Volkswagen, o Miata da Mazda, as minivans da Chrysler, Prius e Lexus da Toyota e MINI Cooper da BMW. Nos computadores, o mercado foi transformado por novas subcategorias definidas pelo minicomputador da DEC, as estações de trabalho da Silicon Graphics, os servidores de rede da Sun, os PCs customizados da Dell e a interface da Apple. Nos serviços, temos a empresa de inovações IDEO e o compartilhamento de automóveis da Zipcar. Em bens de consumo, temos Odwalla, So-Be e Dreyer's Slow Churned Ice Cream. No varejo, Whole Foods Markets, Zara, Best Buy's Geek Squad, IKEA, Zappos.com e MUJI, a loja sem marca. Todas introduziram "itens obrigatórios" no mercado e produziram níveis significativos de crescimento ao mesmo tempo que enfrentavam concorrentes estabelecidos.

Criar mercados com competição fraca ou inexistente tem um potencial enorme de retorno para a organização. É um conceito saído do primeiro semestre de um curso de economia, um ingresso para um mundo de crescimento real em vendas e lucro. Considere a minivan da Chrysler, introduzida em 1982 com o Plymouth Voyager e o Dodge Caravan, que venderam 200.000 veículos durante seu primeiro ano e mais de 13 milhões desde então e passaram 16 anos sem enfrentar concorrentes viáveis. Os produtos levaram a Chrysler nas costas por quase duas décadas. A Enterprise-Rent-A-Car, empresa que aluga carros para pessoas que deixaram os seus no mecânico, teve um período ainda mais longo sem concorrência enquanto as outras locadoras de automóveis competiam por clientes que estavam viajando a trabalho ou de férias.

Muitos estudos financeiros apoiam o fato de que criar novas categorias ou subcategorias dá certo. Por exemplo, um estudo analisou as ações estratégicas de 108 empresas. Os 14% classificados como tendo criado novas categorias tinham 38% da receita e 61% dos lucros.[3] Outro estudo analisou as cem empresas americanas que mais cresceram entre 2009 e 2011 e descobriu que 13 delas tiveram um papel fundamental na criação de suas categorias. Essas empresas representavam 53% do crescimento incremental de receita e 74% do crescimento incremental de capitalização de mercado durante esses três anos.[4]

Avaliando "itens obrigatórios" em potencial

As ideias de "itens obrigatórios" podem nascer de diversas perspectivas, como necessidades não atendidas dos clientes, aplicações imprevistas, segmentos subatendidos, tendências de mercado, dinâmica de canais, modelos de comportamento em outros setores e países ou novas tecnologias. Mais importante do que buscá-los, as organizações precisam reconhecer possíveis "itens obrigatórios" e permitir que eles se destaquem. Um passo crucial é avaliar as ideias de modo que apenas as melhores recebam os recursos de que precisam. Isso envolve tomar duas decisões.

O conceito faz sentido no mercado? Existe um "item obrigatório"?

O novo conceito representa uma inovação substancial, transformacional ou apenas incremental? Um erro, que podemos chamar de viés róseo, é presumir que existe uma inovação substancial quando, na verdade, o mercado a considera incremental. Os defensores das inovações tendem a exagerar o potencial de um novo conceito, pois eles desenvolvem um comprometimento psicológico com a ideia e porque o sucesso do conceito será um momento de reviravolta em suas carreiras, enquanto o fracasso representa um revés profissional. Também é preciso considerar a inércia organizacional: pode ser difícil eliminar uma oferta que foi financiada e se tornou parte do plano. É preciso tomar uma decisão pragmática, alicerçada em pesquisas sobre a resposta do mercado à inovação.

Outro erro, muitas vezes mais grave, é o "viés pessimista" que leva a uma avaliação errônea sobre o possível fracasso da inovação quando ela representa a oportunidade de se apropriar de uma grande nova categoria ou subcategoria. A avaliação pode depender de estimativas do tamanho do mercado baseadas em produtos falhos existentes. Em segundo lugar, a empresa pode se concentrar na aplicação errada ou no mercado errado, fazendo com que o potencial seja desperdiçado. O Joint Juice, um produto desenvolvido para reduzir a dor nas articulações utilizando glucosamina em forma líquida, ganhou nova vida quando buscou o público idoso em vez de atletas jovens e de meia-idade. Terceiro, pode haver um pressuposto equivocado de que um mercado de nicho não poderia ser ampliado, levando a um mercado pequeno demais. Foi por isso que a Coca-Cola evitou o mercado de água mineral por muitas décadas. Em retrospecto, essa decisão foi um desastre estratégico. Quarto, um problema técnico pode parecer mais difícil do que é de fato. Finalmente, as estimativas podem ser afetadas pelo fato de que pessoas e organizações tendem a evitar riscos, pois o custo do fracasso é óbvio demais.

A oferta pode ser criada?

O conceito é mesmo viável, especialmente se for necessário produzir um avanço tecnológico revolucionário? E se a oferta é viável, a organização tem ou pode desenvolver o que precisa em termos de pessoal, sistemas, cultura e ativos? A organização tem a força de vontade para se comprometer com a ideia, apesar dos obstáculos e dificuldades? Haverá momentos em que os riscos parecem grandes demais, as recompensas são incertas, os destinos alternativos dos recursos são atraentes e o apoio político interno enfraquece. Sem comprometimento organizacional de verdade, a inovação perde os recursos de que precisa e pode estar fadada ao fracasso.

O momento está certo? Ser o primeiro a entrar no mercado não é necessário e nem sempre é desejável. Na verdade, a marca pioneira muitas vezes é prematura, pois o mercado, a tecnologia ou a empresa ainda não estão prontos. A Apple não foi pioneira com o iPod (a Sony chegou dois anos antes), o iPhone (a tecnologia já existia na Europa havia anos) ou o iPad (Bill Gates, da Microsoft, lançou o Tablet PC cerca de dez anos antes). Em todos os casos, no entanto, a Apple encontrou o momento certo. A tecnologia estava presente ou prestes a ser criada, a empresa tinha os ativos e experiência e a proposição de valor fora testada no mercado, ainda que com uma tecnologia inferior. Por mais talentoso que Steve Jobs fosse em diversas outras áreas, seu gênio para *timing* ainda é subestimado.

Erga barreiras à concorrência

Criar um "item obrigatório" que define uma nova subcategoria para a qual a relevância dos concorrentes é fraca ou inexistente não valerá a pena, a menos, que possam ser criadas barreiras que inibam ou impeçam os concorrentes de se tornarem relevantes.

A barreira definitiva é **a tecnologia ou o conhecimento proprietário**, protegidos por patentes, direitos autorais, segredos comerciais ou capital intelectual de difícil acesso ou duplicação. A Toyota possui o Hybrid Synergy Drive, desenvolvido para o Prius, que não pode ser duplicado. O Dreyer's Slow Churned Ice Cream é uma oferta baseada em uma tecnologia que produz sorvete cremoso e gostoso com baixo teor de gordura. A tecnologia também pode ser protegida pela gestão de marcas, como descrito no Capítulo 8.

Tornar-se um **alvo móvel** dificulta o processo das marcas concorrentes se tornarem relevantes. Foi o que a Apple fez após o iPod, com produtos como nano, shuffle, iTouch e iPad, e o que a Gillette fez com lâminas do Trac II ao Fusion ProGlide. A Chrysler passou 16 anos sem um concorrente sério na categoria de minivans que criara, em parte porque nunca deixava passar dois anos sem uma inovação que elevasse o padrão mínimo para os concorrentes. Em alguns casos, a inovação era substancial e criava um novo "item obrigatório", como as portas laterais de correr, assentos traseiros removíveis para armazenamento, assentos giratórios, tração nas quatro rodas, travas de segurança e assentos removíveis Easy-Out Roller Seats.

Transcender os benefícios funcionais pode criar barreiras significativas. Os benefícios funcionais muitas vezes são copiados rapidamente, mas é muito mais difícil copiar benefícios de autoexpressão, sociais e emocionais, os valores e a cultura da organização ou a personalidade da marca.

O *brand equity*, como representado pela visibilidade, associações e fidelidade de marca, representa uma barreira significativa. Durante as primeiras fases de uma nova oferta inovadora, a organização tem a oportunidade de usar o "valor de notícia" da inovação para ampliar esforços de comunicação e visibilidade e fortalecer a marca. Também é possível que a marca capture os clientes com maior probabilidade de valorizar os "itens obrigatórios" e mantê-los contentes e envolvidos. Nesse caso, os concorrentes precisam tentar construir seu negócio entre segmentos menos atraentes.

Esteja preparado para ampliar a escala do conceito. O escalonamento, criação e controle de uma base de clientes ampla também é fundamental, pois enquanto a oferta ocupa um mercado local ou tem distribuição limitada, os concorrentes têm acesso a clientes potenciais não expostos à sua marca. Além disso, é uma simples questão de matemática: dividir custos fixos como armazenamento, *back office*, administração, publicidade ou desenvolvimento de marca entre uma grande base de vendas reduz o custo total por unidade. O escalonamento pode ser possibilitado pelo uso de parceiros. A Häagen Dazs, por exemplo, formou uma parceria com a Dreyer's para acessar sua rede de distribuição. Às vezes, isso significa aceitar o risco de investimentos excessivos no início do processo. Um dos segredos do sucesso da minivan da Chrysler foi a disposição da empresa de investir em capacidade de produção, apesar de a empresa estar em crise financeira na época.

O **rótulo autêntico** pode representar uma barreira importante. A marca autêntica é considerada real, não falsa; uma inovadora; uma líder, não uma imitadora; digna de confiança. A marca não precisa ser a primeira para ser autêntica, mas precisa ser a primeira a acertar o conceito e gerar tração. Os esforços para explicar e construir a categoria ou subcategoria fortalecem a reputação de autenticidade.

A **execução perfeita** também gera uma barreira para os concorrentes, especialmente se não se basear apenas no que é feito, mas nos valores e organização por trás disso. Sem dúvida nenhuma, esse é o caso na Zappos.com. Com seus dez valores (incluindo a experiência "Uau!" e ser um pouco esquisita), a Zappos.com criou uma base para a contratação e a decisão de criar um *call center* 24 horas que acharia uma pizza para o cliente, se um deles pedisse. O valor de "ser esquisita" oferece um modo de agregar iniciativa criativa e corporativismo à equipe. O resultado é uma experiência para o cliente difícil de duplicar ou imitar, pois se baseia em pessoas, processos e cultura. É fácil ver o que a empresa está fazendo, mas é difícil duplicar quem ela é.

Diferenciadores de marca e tornar-se um **dono de subcategoria** são barreiras importantes que devem ser consideradas nos próximos dois capítulos.

Em suma

Criar "itens obrigatórios" que tornam os concorrentes menos relevantes e então erguer barreiras para impedir que eles se tornem relevantes é, com raras exceções, a única maneira de crescer e que comprovadamente dá retorno na forma de lucros elevados. Um "item obrigatório" em potencial deve ser considerado "item obrigatório" pelo mercado e representar uma oferta que a empresa consegue vender. Uma grande inovação que define uma subcategoria e tem o potencial de ganhar força no mercado é um evento raro; quando acontece, a empresa não pode perder a oportunidade por manter uma atitude de aversão excessiva ao risco.

Capítulo 8

Para ser dono de uma inovação, dê uma marca a ela

Primeiro eles o ignoram, depois o ridicularizam, em seguida o combatem e por fim você vence.
— **Mahatma Gandhi**

A diferenciação é o segredo para vencer com ofertas novas *e* antigas. É preciso haver um ponto de diferença que crie um motivo para comprar e ser fiel. O grande caminho para a diferenciação é inovar, se não a oferta em si, então programas que apoiem ou estejam relacionados com ela, criando um "item obrigatório" no processo.

O que poucos entendem é a função da gestão de marcas na transformação de inovações em diferenciais no mercado. Se a inovação tem o potencial de criar um ponto de diferenciação substancial e contínuo (um "se" que merece ser sublinhado três vezes), ela precisa ter uma marca. Quem não marca, perde! Caso contrário, ela se torna difícil de comunicar e muito fácil de copiar ou parecer copiar.

Ao dar uma marca a uma inovação, criamos um "diferenciador de marca"; um recurso, ingrediente, tecnologia, serviço ou programa gerenciado ativamente e que recebe uma diferenciação de marca que cria um ponto de diferenciação significativo para uma oferta de marca durante um longo período de tempo.

Por exemplo, a rede de hotéis Westin criou em 1999 a "Heavenly Bed", com um colchão exclusivo (projetado pela Simmons) de 900 molas, três versões para três climas de um cobertor aconchegante, um edredom macio, lençóis de alta qualidade e cinco travesseiros de pena de ganso. Esse recurso se tornou um diferenciador de marca que definiu uma nova subcategoria, os hotéis com camas *premium*, em uma categoria competitiva na qual a diferenciação é um grande desafio.

Criar um diferenciador de marca não significa simplesmente dar um nome a uma inovação. A definição sugere que é preciso cumprir certos critérios estritos. Em especial, o diferenciador de marca precisa ser relevante naquilo que importa para os clientes e também impactante, ou seja, a diferença que ele representa não pode ser trivial. A Heavenly Bed era relevante porque ia ao fundo da promessa do quarto de hotel: uma boa noite de sono. Também era impactante. Durante seu primeiro ano de vida, os hotéis com a Heavenly Bed tiveram aumentos de 5% em satisfação do cliente; aumentos significativos na percepção de limpeza, qualidade da decoração e manutenção; e índices de ocupação significativamente maiores.

O diferenciador de marca também precisa merecer gestão ativa no longo prazo e justificar esforços de construção de marca. A Heavenly Bed recebeu esse tratamento, incluindo um conjunto ativo de programas de construção de marca. Ela foi disponibilizada para venda, primeiro pela Westin, depois pela Nordstrom e outras lojas. A Westin incentivou o *buzz* criado pela novidade de permitir que o cliente compre a cama do hotel. O conceito foi estendido para o Heavenly Bath, chuveiros customizados com duchas duplas, componentes especiais e acessórios. Hoje, os clientes podem visitar o site da Westin Home Collection para encomendar a cama, acessórios de banho, jogo de lençóis, penhoares e muito mais.

Um diferenciador de marca precisa estar ligado à oferta de marca; ele precisa ter uma função que define o produto. O desafio da Westin era gerar uma conexão com a Heavenly Bed e evitar que o cliente esquecesse qual hotel oferecia esse recurso, ou pior, atribuí-lo a outra rede. O patrocínio exclusivo e proeminente da Westin ajuda nesse sentido.

Tipos de diferenciadores de marca

Um diferenciador de marca, como sugerido pela definição, pode ser descrito como um recurso, ingrediente, tecnologia, serviço ou programa que afeta a oferta.

Um recurso de marca

Um recurso de marca representa um benefício exclusivo. Ele pode oferecer uma maneira gráfica de sinalizar desempenho superior, um veículo para se apropriar dessa superioridade no longo prazo. Para realizar essa missão, ele deve ser valorizado pelos clientes, realmente diferenciador e ligado à oferta de marca.

A Amazon tem o sistema de pedidos 1-Clique, que gera um valor agregado conhecido. Algumas peças de roupa da Under Armour contêm ArmourBlock, que oferece resistência à formação de odores, permitindo que as roupas permaneçam cheirosas por mais tempo. A Oral-B, "a marca mais usada pelos dentistas", oferece valor com sua escova de dentes com um indicador que mudar de cor quando precisa ser trocada, o sistema Pro-Flex que se dobra para se ajustar ao contorno dos dentes e o Smartguide sem fio da escova elétrica. Todos esses recursos de marca representam uma ampliação clara da proposição de valor da marca.

Um recurso de marca pode ser baseado em uma marca tradicional. Por exemplo, a Delta Airlines tentou se apropriar das experiências de "sono superior" do passageiro, alavancando a marca Heavenly com seus travesseiros e edredons "Westin Heavenly". Nesse caso, o desafio não era explicar a inovação, mas sim conectá-la à Delta Airlines.

Um ingrediente de marca

Outra perspectiva é dar marca a um ingrediente. Mesmo que os clientes não entendam como ele funciona, o fato de o ingrediente ter marca dá credibilidade a afirmações explícitas ou implícitas. Lembra de "Intel Inside"? Pouca gente sabia o que era a Intel dentro do computador, mas muitos ainda estavam dispostos a pagar 10% a mais pela paz de espírito de saber que estavam levando algo avançado e confiável. O cliente pode não entender como o ingrediente agrega valor, mas, no longo prazo, esse elemento precisa ser sustentado por alguma substância, pois a realidade sobre afirmações vazias acabam sendo expostas para os clientes.

Também é possível importar um ingrediente de marca, alavancando uma marca com significados, seguidores e visibilidade estabelecidos. Os clientes sabem imediatamente o que está sendo oferecido. A Sony oferece a câmera digital Cybershot com lentes Carl Zeiss Sonnar T Lens, usando a marca Carl Zeiss para garantir aos compradores que um componente crucial é de altíssima qualidade. Uma marca de sorvete pode adicionar ingredientes como M&M's ou Snickers para criar um produto exclusivo que não precisará ser explicado aos usuários, já que eles conhecem muito bem essas marcas de chocolate.

Uma tecnologia de marca

Se um avanço tecnológico receber uma marca própria, ele pode ser a diferença para a oferta, justificando e dando credibilidade a uma proposição de valor.

O Dreyer's Slow Churned Ice Cream se baseia em uma tecnologia que produz sorvete cremoso com baixo teor de gordura. O Prius domina a categoria de híbridos há mais de uma década em parte por causa do Hybrid Synergy Drive da Toyota, uma tecnologia que gera diversos benefícios. A GE HealthCare tem a mamografia espectral com contraste SenoBright*, que destaca áreas com padrões de fluxo sanguíneo incomum para ajudar a resolver diagnósticos inconclusivos.

A tecnologia de marca é uma fonte de força apenas por ter marca, mas também representa uma perspectiva sobre as substâncias por trás da afirmação e ajuda a comunicá-la pela criação de um ponto de referência. As marcas "Slow Churned Ice Cream", "Hybrid Synergy Drive" e "SenoBright*" evocam imagens claras, e, mais do que isso, elas criam um construto para representar um assunto complexo. Sem essas marcas, o esforço de comunicação seria difícil e desajeitado, talvez até inviável.

Um serviço de marca

A maneira clássica de diferenciar uma marca é ampliar a oferta com um serviço de marca que tenha o potencial de se transformar em diferenciador de marca. O Geek Squad, que fornece serviços de instalação e manutenção de computadores e sistemas de entretenimento, reposicionou a Best Buy e sua categoria. O Mutual Fund OneSource Select da Schwab oferece uma lista de opções filtrada que ajuda os investidores a se acharem em uma área confusa. O Google AdWords é um serviço para os anunciantes da Google que ajudou a desenvolver a posição de liderança da empresa. A General Motors inovou com o sistema OnStar, que envolve ativação de automática de sistemas de *airbags* para agências de auxílio ao motorista, localização de veículos roubados, serviços de emergência, destravamento remoto de portas, diagnóstico remoto e até serviços de *concierge*. O Amazon Kindle entrega livros através da Whispernet.

Muitos fatores estão por trás do sucesso incrível da Apple Store. Um deles é seu serviço de marca, o Genius Bar, que resolve uma necessidade real e cria um relacionamento interpessoal que ajuda a atenuar problemas e criar fãs. O Genius Bar não foi um sucesso no primeiro momento, mas o comprometimento da Apple com o conceito deu retorno, pois a empresa se apropriou de um diferencial que virou "item obrigatório".

Programas de marca

Programas de marca que ampliam ou complementam a oferta podem servir de base para a diferenciação. A Kaiser Permanente possui uma série de programas sob as marcas gerais Live Healthy (informações sobre como melhorar sua saúde), Healthy Lifestyle Programs (programas para incentivar estilos de vida saudáveis) e My Health Manager. A Dell tem a Idea Storm e a Direct2Dell, com as quais fazem sugestões e conversam sobre problemas. A Hilton Honors é um ativo crucial para a rede Hilton.

Um programa de marca pode ser independente ou adjacente à oferta em si. A Harley-Davidson é mais do que uma marca, é uma experiência e uma comunidade apoiada por diversos programas de marca que não pertencem ao esforço de descrever ou vender motocicletas. O Harley-Davidson Ride Planner, por exemplo, permite que o usuário crie um plano de viagem usando os pontos de partida e de chegada, além de paradas desejadas. O resultado é um mapa detalhado que você pode salvar e compartilhar com os amigos.

O valor de criar uma marca

Um recurso, ingrediente, tecnologia, serviço ou programa valorizado pelo cliente serve para diferenciar o produto, tenha ele marca ou não. Mas então por que criar uma marca? Há vários motivos para agir dessa forma, a maioria dos quais se resume ao valor básico de uma marca em qualquer contexto. Basicamente, a marca introduz o potencial de se apropriar da inovação, agrega credibilidade e ajuda no trabalho de comunicação.

Acima de tudo, a marca cria o potencial de se apropriar de uma inovação, pois ela é um indicador especial e exclusivo da fonte da oferta. Na maioria dos contextos, uma inovação bem-sucedida será copiada, ou parecerá ser copiada, por outras empresas, de modo que o ponto de diferenciação resultante não será duradouro. Mas a concorrência não tem como copiar uma marca própria.

Com o investimento adequado e administração ativa da inovação e de sua marca, esse potencial de propriedade pode ser estendido eternamente. Um concorrente pode replicar o recurso, ingrediente, tecnologia, serviço ou programa, mas, se ele tiver uma marca, será preciso superar também a força da marca. Outra marca de automóveis híbridos poderia fazer afirmações sobre seu trem de força, mas sempre existirá apenas um Hybrid Synergy Drive autêntico: o da Toyota. Se a associação entre o recurso de marca (Hybrid Synergy Drive) e a marca (Toyota) for forte o suficiente, a marca Toyota poderá receber crédito pelas inovações em tecnologia de motores híbridos desenvolvidas por outras organizações.

Segundo, uma marca pode agregar credibilidade e legitimidade a uma afirmação. O diferenciador de marca afirma especificamente que o benefício merece uma marca e que a organização estava disposta a alocar recursos para sua criação e comunicação. O observador acredita instintivamente que deve haver algum motivo para a marca existir. Imagine se a Chevron tentasse explicar por que a "gasolina da Chevron" é diferente sem usar a marca Techron. O resultado não seria convincente, talvez nem fosse viável. Os clientes podem não saber como o Techron funciona, mas sabem que ele é importante o suficiente para receber uma marca própria.

A capacidade de uma marca agregar credibilidade foi demonstrada em um estudo incrível sobre atributos de marca. Carpenter, Glazer e Nakamoto, três acadêmicos de renome, descobriram que a inclusão de um atributo com marca (por exemplo, enchimento "Classe Alpina" para uma jaqueta de pluma, "Milanesa Autêntica" para massa e "design de estúdio" para CD players) justificava um preço maior aos olhos dos respondentes.[1] O mais incrível é que o efeito ocorria mesmo quando os respondentes recebiam informações sugerindo que o atributo não era relevante para a sua escolha.

Terceiro, a marca torna a comunicação mais eficiente, viável e reconhecível. Os clientes podem ter dificuldade para reconhecer o valor de uma inovação, especialmente se ela for complexa em meio à confusão criada pelos concorrentes e pelo mercado. O ato de dar um nome à inovação pode ser útil porque cria um veículo para resumir diversas informações. Não é necessário conhecer os detalhes do "Clube do Coração" de um hospital ou do "Instituto de Paternidade Pampers", pois as marcas comunicam informações complexas e detalhadas que seriam difíceis de lembrar; simplesmente conhecer as marcas e sua missão geral quase sempre basta para o cliente. O processo de ligar o ponto de diferenciação à marca mestre também se torna muito mais fácil com um diferenciador de marca.

O yin e yang das marcas

Cuidado! O conceito de diferenciador de marca não é desculpa ou permissão para sair criando marcas para todas as inovações. Isso é uma receita perfeita para o exagero. A inovação precisa revelar um avanço substancial ou produzir uma mudança revolucionária aos olhos do cliente, não de seu defensor tendencioso. Ela também precisa merecer investimentos no longo prazo devido a seu potencial de criar e manter uma vantagem no mercado. Tudo isso é muito mais provável se for possível sustentar uma inovação contínua, permitindo que o conceito evolua e se transforme em alvo móvel para a concorrência. A marca é um ativo de longo prazo que exige gestão ativa e contínua. Se a oportunidade não permite esse investimento, criar uma marca pode ser um erro terrível.

A organização precisa desenvolver um processo que qualifique as inovações e garanta que apenas aquelas que merecem uma marca serão recompensadas com esse atributo e com os recursos necessários para construí-la e alavancá-la no longo prazo. Mas quando surgir uma oportunidade real de criar um diferenciador de marca poderoso, é importante aproveitá-la e usá-la para criar e manter uma posição de liderança.

Em suma

Um diferenciador de marca é um recurso, ingrediente, tecnologia, serviço ou programa gerenciado ativamente e que recebe uma diferenciação de marca, que cria um ponto de diferenciação significativo para uma oferta de marca durante um longo período de tempo. Ele cria uma maneira de se apropriar de uma inovação, dar credibilidade a ela e tornar a comunicação mais fácil e reconhecível. Quando apropriado, o que nem sempre é certo, ele pode se tornar uma parte poderosa do portfólio de marcas.

Capítulo 9

Do posicionamento da marca ao enquadramento da subcategoria

Enquadramentos são estruturas mentais que moldam o modo como vemos o mundo. Se um enquadramento bem posicionado não se encaixa nos fatos, os fatos serão ignorados e o enquadramento será preservado.
— George Lakoff, Professor de Linguística, UC Berkeley

O posicionamento de sua marca representa os objetivos de comunicação de curto prazo. O que você deseja dizer para comunicar, aprimorar ou reforçar sua promessa de marca atual? A mensagem deve se basear nas partes da visão de marca que encontrarão eco no mercado, apoiarão a estratégia de negócios atual e refletirão a realidade atual do que a marca pode realmente executar. Para ter sucesso, ela precisa envolver uma ideia motivadora e eficaz e um conjunto de programas integrados em toda a organização.

A posição da marca depende do que ela é e de quais são suas diferenças (e vantagens) em relação a outras marcas. A Apple é diferenciada em parte pelo design, a Dove promete hidratação e a Whole Foods Markets entende e acredita nos alimentos orgânicos. A posição pressupõe uma categoria ou categoria fixa e um conjunto fixo de concorrentes.

O enquadramento tem um plano mais ambicioso. Ele pretende mudar o modo como as pessoas percebem, discutem e se sentem quanto à subcategoria (ou categoria) e, dessa forma, mudar o que elas compram e quais são as marcas relevantes para essa compra. Ele representa uma *perspectiva totalmente diferente* sobre concorrência e vitória. Em vez de presumir que a definição de subcate-

Capítulo 9 Do posicionamento da marca ao enquadramento da subcategoria

goria e de conjunto de concorrentes são fixos, o enquadramento permite que o escopo e as características determinantes da subcategoria sejam dinâmicos. A subcategoria pode ser redefinida para reduzir a relevância de algumas marcas e/ou aumentar a relevância de outras.

Um dos objetivos do enquadramento da subcategoria pode ser tornar os concorrentes menos relevantes ou até mesmo *irrelevantes*. Como descrito no Capítulo 8, uma característica marcante pode ser promovida como "item obrigatório" que a concorrência não tem ou na qual é fraca. A marca não é selecionada por ter preferência em relação aos concorrentes, mas porque a subcategoria definida tem preferência e é a marca mais relevante (ou a única relevante) na subcategoria.

Assim, a Apple define uma subcategoria de computadores pelo *design* superior, a Dove uma subcategoria de produtos que oferece hidratação e a Whole Foods Markets uma subcategoria de varejistas de alimentos que enfocam a comida orgânica. Enquadrar a subcategoria muda o trabalho competitivo, que passa de "minha marca é melhor que a sua" para "essa é a subcategoria que você precisa comprar" e "minha marca é relevante nessa subcategoria". A escolha de qual subcategoria comprar é a primeira fase do processo de compra, então dominar essa fase pode influenciar, se não determinar qual marca sairá vitoriosa.

Outro objetivo possível do enquadramento seria ampliar uma subcategoria atraente que já exista para incluir sua marca. Uma marca como a Acura, por exemplo, poderia querer ser parte da subcategoria representada pela Lexus. O desafio seria convencer os clientes de que a subcategoria deve incluir carros que atendem certos níveis de desempenho e que marcas mais baratas não devem ser excluídas. Mudar a definição da subcategoria pode ser uma estratégia mais eficaz do que convencer os clientes de que um Acura é superior a um Lexus. Depois que o cliente aceita o reenquadramento da subcategoria, tornando a Acura relevante, as vantagens da marca se tornam evidentes.

A DiGiorno, da Kraft, introduziu uma pizza com "massa que cresce", a primeira pizza congelada sem massa pré-assada, e reenquadrou a subcategoria de pizza congelada para incluir a entrega de pizza. Com a chamada "It's not delivery, it's DiGiorno" ("Não é telentrega, é DiGiorno"), a estratégia foi um sucesso de mercado. O símbolo da subcategoria reenquadrada era o entregador da DiGiorno, que, obviamente, não tinha nada para fazer, pois ninguém precisa entregar uma pizza congelada. Na subcategoria reenquadrada, a DiGiorno, em vez de ser uma pizza congelada de preço *premium*, tinha uma vantagem de preço clara, pois chega a custar metade de uma pizza de telentrega. Além disso, por ser membro de uma subcategoria mais ampla, supostamente sua qualidade seria equivalente à de uma pizza de telentrega.

Mudando a perspectiva e o vocabulário em relação à subcategoria

O processo de enquadramento funciona moldando a conversa sobre a escolha, oferecendo uma perspectiva e um vocabulário que irão fortalecer a probabilidade da nova categoria ser bem-sucedida. Se a subcategoria se sair vitoriosa, o mesmo acontecerá com a marca que a define.

Uma marca que concorre com a Apple precisará considerar o estilo na conversa sobre a decisão. Uma marca concorrente precisará explicar por que é igual ou superior em *design* ou por que o *design* não deve ser o fator decisivo, pois o enquadramento elevou o design de modo a oferecer a perspectiva inicial sobre a escolha. O varejista que concorre com a subcategoria da Whole Foods Market precisará demonstrar que entender de comidas orgânicas frescas não deve ser levado em consideração e uma marca de cuidados com a pele na subcategoria da Dove precisará argumentar que a hidratação não é importante. Não será possível ignorar a estrutura de enquadramento, pois ela é maior do que a marca. Essas três marcas gerenciaram a decisão de compra de tal forma que uma dimensão nas quais estão em vantagem se tornou parte da decisão de compra, quando não a parte dominante dessa decisão.

LAKOFF E O ENQUADRAMENTO

Ninguém explicou mais claramente o enquadramento da discussão sobre uma escolha do que George Lakoff, professor de linguística da UC Berkeley, em seu divertido livro *Don't Think of an Elephant* (Não pense em um elefante).[1] Lakoff, cuja área principal é o pensamento político, defende que os republicanos são gênios na área do enquadramento e que, por isso, ganham a maioria dos debates, enquanto os democratas ainda acham que o pensamento racional é o suficiente para que sejam vitoriosos. Os republicanos enquadraram as discussões com termos como impostos sobre a morte, aborto com nascimento parcial, mandatos e alívio fiscal. Quando seu enquadramento se torna aceito, o debate chega ao fim. Que tipo de pessoa apoiaria um imposto sobre a morte, afinal?

Pense na diferença de perspectiva sobre a tributação com base em uma expressão que enquadra o debate. "Alívio fiscal" cria a metáfora de um herói que tira um ônus das costas do povo com o corte de impostos. "Imposto como investimento no futuro" sugere a imagem de estradas sendo construídas, crianças educadas e forças de defesa melhoradas. "Imposto como a anuidade" é uma metáfora associada ao pagamento da sua justa parte pelos serviços que beneficiam a você e outros. Cada enquadramento influencia o discurso e,

Capítulo 9 Do posicionamento da marca ao enquadramento da subcategoria

assim como a definição de uma subcategoria, altera implicitamente os objetivos associados com a escolha. Os republicanos transformaram "alívio fiscal" em um enquadramento vitorioso.

Lakoff observa que os enquadramentos muitas vezes são cognitivamente inconscientes – as pessoas nem sempre percebem que ele está lá ou que ele as influencia. Isso é parte do motivo por que o enquadramento é tão poderoso. Além disso, depois de estabelecido, o enquadramento pode ter uma sobrevida prolongada e se torna difícil de mudar. Lakoff gosta de começar suas aulas em Berkeley com o aviso de que ninguém deve pensar em um elefante. Obviamente, os alunos descobrem que é impossível parar de pensar em um elefante depois disso.

O que torna um enquadramento vitorioso e outro não? Encontrar o rótulo certo e/ou a metáfora certa para descrever o enquadramento, uma ideia descritiva e precisa, pode ser fundamental. Também é importante que a metáfora seja significativa, agregando imagem visual, reconhecimento e textura. Os impostos sobre a morte sugerem a imagem de um caixão cercado de familiares. O alívio fiscal tem a conotação metafórica de a pessoa não ser mais onerada por um peso enorme. As "boas mãos" da Allstate ou os "bons vizinhos" da State Farm, duas seguradoras, usam metáforas visuais para enquadrar uma subcategoria.

Seja persistente e disciplinado. Sempre use o rótulo ou a metáfora, nunca desvie. Torne-o tão presente que os concorrentes também vão utilizá-lo. É assim que você sabe que venceu.

O enquadramento afeta percepções e preferências. Uma cerveja *premium* com a adição de um pouco de vinagre balsâmico ganha preferência em testes de sabor, a menos que o produto seja reenquadrado como cerveja com vinagre; nesse caso, ele é considerado intragável.[2] Um vinho apresentado como proveniente da Califórnia, e não da Dakota do Norte, além de conquistar a preferência dos consumidores, fez com que alongassem sua refeição.[3] O mesmo vinho! O simples reenquadramento de um contexto em termos de atributos positivos em vez de negativos pode afetar as preferências. Por exemplo, as pessoas preferem carne 75% magra a 25% gorda, apesar das duas opções serem idênticas.[4]

Na verdade, os enquadramentos dominam as informações factuais. Em um estudo clássico, grupos de participantes foram apresentados a duas câmeras, ambas descritas em termos de cinco dimensões relevantes.[5] A câmera da subcategoria reflex monobjetiva de 35 mm, mais impressionante, recebia a preferência mesmo quando tinha especificações inferiores. Os clientes não tinham motivação para aprender mais sobre as marcas ou não tinham a habilidade ou o conhecimento necessário para fazê-lo. Em ambos os casos, é mais fácil confiar no conhecimento do que o enquadramento representa. O pressuposto de que a marca é ou não relevante para uma subcategoria pode determinar a percepção e a escolha de um indivíduo e representa um fator difícil de superar.

O enquadramento importa porque influencia pensamentos, percepções, atitudes e comportamentos. As mesmas informações serão processadas ou não, distorcidas ou não, afetarão atitudes e comportamentos ou não. Tudo depende do enquadramento. Faz diferença se você está comprando uma barra energética para atletas, uma barra de energia para funcionários de escritório, uma barra energética para mulheres, uma barra de nutrição, uma barra de café da manhã, uma barra de proteínas ou uma barra dietética. Em cada um desses casos, os critérios de escolha e percepções sobre as marcas serão diferentes.

Torne-se o dono da subcategoria

O desafio é gerenciar a subcategoria, determinar seus limites e controlar a perspectiva e o vocabulário associados a ela. O objetivo final é influenciar as percepções, atitudes e comportamentos em relação à subcategoria para que ela vença a competição entre as subcategorias no mercado, e também que vença de modo que a "nossa" marca seja a mais relevante.

A melhor maneira de atingir essa meta é se tornar o dono da nova subcategoria, a marca que melhor a representa. Para automóveis híbridos compactos, o Prius definiu a subcategoria por mais de uma década. Jell-O, Gatorade, V8, Google, iPhone, Whole Foods Market, Enterprise Rent-A-Car e Geek Squad também são exemplos de donos de subcategorias. Uma marca com posição de dono pode se tornar o nome da subcategoria. O cliente quer comprar um carro do tipo "Prius" ou um lenço de papel tipo "Kleenex".

Se a marca é a referência da subcategoria, ela é, por definição, a marca mais visível e de maior credibilidade. Seus concorrentes ficam na posição desconfortável de precisarem definir sua relevância de um modo que apenas reafirma a autenticidade e liderança do dono.

Com o status de dono, a empresa controla e cultiva o enquadramento da subcategoria, enquanto os clientes ficam na defensiva. No Capítulo 7, foi observado que Gillette, Chrysler e Apple, todos na função de referência, direcionavam a evolução da subcategoria, adicionando modelos, melhorias e recursos que dificultavam muito a vida de concorrentes que desejavam se tornar relevantes.

Como uma marca pode se tornar referência? Estas são algumas diretrizes:

Primeiro, defenda a categoria ou subcategoria, não a marca. Influencie a imagem da subcategoria, as atitudes em relação a ela e seu papel na vida dos clientes. Use todas as mesmas táticas e técnicas de construção de marca utilizadas no trabalho normal de construção de marca. Além disso, continue a inovar. Não fique parado. Inovações, melhorias e mudanças tornam a categoria ou subcategoria mais dinâmica, a marca mais interessante e a função do dono mais valorizada. A Disneyland é a dona dos parques temáticos e o parque está sempre inovando. Não se preocupe com a marca. Se a categoria ou subcategoria vence, a marca vence também. A Asahi Super Dry, descrita no Capítulo 7, era uma defensora das cervejas *dry*; quando a subcategoria venceu, a Asahi Super Dry venceu também.

Segundo, se possível, desenvolva um rótulo descritivo para ajudar a definir a categoria e esteja preparado para gerenciar esse rótulo. Exemplos incluem compartilhamento de automóveis (Zipcar), *fast fashion* (Zara), alto teor de fibras (FiberOne) e sanduíches saudáveis de *fast food* (Subway). Depois, é preciso usar e administrar esse rótulo sem descanso. Um decodificador de marca da qual você pode se apropriar tem uma função semelhante. Considere clássicos como "Um diamante é para sempre", da de Beers, que leva o diamante de seus benefícios funcionais, como o brilho, e o transforma em símbolo do amor duradouro. Ou "Derrete na sua boca, não na sua mão", que serviu para definir uma subcategoria de M&M na qual outros chocolates não eram relevantes. Mas cuidado: as descrições de subcategorias podem ser sutis. Em um experimento, uma empresa era enquadrada como sem fins lucrativos porque um sufixo .org era visto como mais simpático, mas menos competente do que uma empresa com o sufixo .com.[6] O simples uso de um sufixo de site era suficiente para sinalizar uma categoria diferente de empresa.

Terceiro, invista em se tornar um dos primeiros líderes de mercado em termos de vendas e participação de mercado. É difícil ser dono da subcategoria e aproveitar essa função sem a liderança em participação de mercado. A marca precisará correr riscos para ampliar a escala de suas operações de modo a capturar os clientes que são atraídos pelo novo "item obrigatório".

Certifique-se de que a subcategoria se sairá vitoriosa

A grande função do dono é garantir que a subcategoria será vitoriosa. Nenhuma marca faz isso melhor do que a Gillette. Na Índia, em 2008, a subcategoria de aparelhos de barbear *premium* da Gillette precisava combater as lâminas duplas baratas, que persistiam em manter 80% do mercado, e uma subcategoria crescente representada por homens que faziam a barba apenas uma vez por semana, usando o visual de barba por fazer de alguns astros do cinema.

A ideia revolucionária da Gillette foi o "Shave India Movement" (brincadeira com "Salvar a Índia" e "Fazer a Barba da Índia"), criada para alterar percepções e comportamentos relativos à subcategoria.[7] Ela se baseava em parte em uma pesquisa de 2008 da Nielsen com mulheres indianas, no qual foi revelado que 77% delas preferia homens de barba feita. O esforço envolveu a campanha "India votes, to shave or not" ("A Índia vota, fazer ou não a barba"), a participação de duas atrizes glamourosas de Bollywood, o recorde mundial em que 2.000 homens fizeram a barba ao mesmo tempo, mídias sociais, informerciais e muito mais. A campanha ganhou força em 2010 quando a Gillette patrocinou a W.A.L.S. (*Women Against Lazy Stubble*, ou Mulheres Contra a Barba Preguiçosa) usando pesquisas de opinião, anúncios e videoclipes nos quais celebridades femininas condenavam a barba por fazer.

A força do "Shave India Movement" ajudou, mas também foi preciso lançar novos produtos especialmente para combater o mercado de lâminas de baixo preço. Nesse contexto, a Gillette barateou consideravelmente a lâmina Mach3, um de seus principais produtos. De cinquenta vezes o preço das lâminas duplas, agora ela custa apenas o triplo. Talvez mais importante, foi desenvolvida a Gillette Guard, lâmina com o mesmo custo das lâminas duplas. Além disso, a Gillette criou uma estratégia de distribuição para acessar lojas da zona rural, que vendem para a grande massa de usuários fora das áreas urbanas.

Até 2013, duas de cada três lâminas vendidas na Índia eram Gillette Guards, enquanto a Mach3 teve um aumento percentual em suas vendas.

O programa foi um sucesso estrondoso, sendo levado para os Estados Unidos na forma da campanha Kiss & Tell ("Beija & Conta"), documentando o fato de que mulheres não gostam de barba por fazer. Uma pesquisa com 1.000 mulheres revelou que um terço delas evitava beijar homens com pelos faciais. A campanha incluía um documentário no YouTube (com diversos especialistas relevantes para o tema do beijo), um microsite (casais podiam oferecer *feedback* sobre beijos no endereço kissandtellus.com) e eventos ao vivo (a maior aula sobre como fazer a barba e o maior número de beijos em um minuto).

A lição é que é possível obter um retorno enorme com o foco na construção ou administração de uma subcategoria e em transformá-la em uma vencedora em vez de se preocupar com o marketing do "minha marca é melhor do que a sua".

Em suma

Em vez de promover a superioridade da marca, considere enquadrar a subcategoria de modo que os concorrentes sejam excluídos ou colocados em desvantagem. Os enquadramentos fortes podem abafar ou distorcer o processamento racional de informações e dominar as decisões de marca. Tornar-se o dono da subcategoria, a melhor maneira de controlá-la, significa vender a subcategoria em vez de a marca, criando e dominando o nome de uma subcategoria e conquistando a percepção de ser líder do mercado. Garantir a vitória da subcategoria é uma maneira de promover o crescimento da marca.

Parte III

Dê vida à marca

Capítulo 10

De onde vêm as ideias de construção de marca?

A melhor maneira de ter uma boa ideia é ter muitas ideias.
— **Linus Pauling**

Na maioria dos contextos, a qualidade das ideias e programas de construção de marca é muito mais importante do que os níveis orçamentários que costumam provocar brigas intermináveis. Não faltam evidências experimentais e histórias para apoiar essa afirmação. Uma consequência disso é que devemos alocar recursos para encontrar iniciativas de construção de marca que realmente funcionem. Outra é que devemos implementar um sistema eficaz de teste e aprendizagem para possibilitar a detecção e refinamento das melhores iniciativas. Uma terceira é que, quando uma grande ideia é identificada e desenvolvida, não devemos abrir mão dela, mas sim investir no trabalho de mantê-la viva e cheia de energia (consulte a discussão sobre continuidade de programas no Capítulo 13).

Ideias criativas de construção de marca podem vir de qualquer fonte, mas alguns métodos e perspectivas são comprovadamente úteis para ajudar a descobri-las. Entre eles, destacam-se:

- Modelos externos de conduta
- Pontos de contato da marca
- Motivações do cliente e necessidades não atendidas

- Ser oportunista
- Alavancagem de ativos
- Pontos certos do cliente

Modelos externos de conduta

Quando me pedem orientação para alguma marca ou problema de marketing, minha resposta mais frequente é que conheço um método de sucesso "garantido". Basta encontrar uma organização que resolveu um problema semelhante e adaptar o que ela fez. Não limite a busca àquelas organizações que se parecem com a sua própria; é preciso estar disposto a ampliar seus horizontes.

Nesse caso, o objetivo é dar vida a um elemento de visão de marca central. Sua marca pode desejar ser considerada uma fornecedora de soluções sistêmicas, simpática, sustentável, global ou seja o que for. Repasse um amplo espectro de categorias de produtos e identifique um conjunto de marcas que enfoquem as mesmas dimensões de visão de marca central ou dimensões similares. Essa busca deve ser orientada por algumas perguntas fundamentais: que marcas você admira por terem alcançado as percepções que deseja para si mesmo? Quais delas representam a melhor interpretação do elemento de visão de marca que a sua própria marca está buscando? Quais foram mais bem-sucedidas em comunicar essa visão?

Com um modelo de conduta externo identificado, o próximo passo é aprender o máximo com ele. Como a marca produziu suas percepções? Como desenvolveu autenticidade e credibilidade? Quais são suas histórias? Pontos de prova? Qual é sua cultura? Quais programas de construção de marca se destacaram da multidão? Algum de seus programas pode ser modificado para promover a visão da sua marca? O processo representa a alma do pensamento criativo. Deixe que as ideias surjam de diversas perspectivas (quanto mais amplas, melhor) e então se concentre em refiná-las e selecioná-las.

A inovação, por exemplo, é um elemento de visão de marca central da 3M, P&G, L'Oreal, Apple, Caterpillar e Williams-Sonoma. O que cada uma dela tem a aprender com as outras? Como os fatores eficazes que determinam sua imagem podem ser aplicados em outro contexto de marca? Encontrar modelos de conduta quase sempre leva a novas ideias e a novos raciocínios.

Um banco de varejo com ampla gama de serviços financeiros que pretende se tornar um assessor financeiro de confiança do cliente poderia adotar a Home Depot como modelo. A Home Depot vende uma ampla variedade de mercadorias, possui uma imagem amigável e simpática e usa seu conhecimento e substância para ajudar os clientes. Os clientes obtêm auxílio profissional de alguém que não é pretensioso. Quando a visão do banco é enquadrada nos termos da Home Depot, esta se torna mais vívida. Outro banco, buscando oferecer uma equipe capaz de prestar diversos serviços financeiros, poderia considerar a agência de publicidade Y&R, que presta serviços de comunicação utilizando equipes virtuais multifuncionais organizadas em torno de clientes.

Além de identificar modelos de conduta externos aliados à estratégia, também pode ser útil sondar os limites do mercado, ou seja, modelos de conduta que são "demais" ou "de menos". Uma loja de departamentos acreditava que precisava de mais energia para competir com lojas especializadas? A questão era: quanta energia? Foi desenvolvido um espectro de marcas de varejo, incluindo marcas chatas (7-Eleven, CVS), agradáveis (Macy's, Pizza Hut), encantadoras (Saks, Uniqlo), animadas (In & Out Burger, Urban Outfitters) e, finalmente, "uau!" (Niketown, Victoria's Secret). Com essa perspectiva, "animadas" parecia ser o nível adequado, apesar de todos os níveis de modelos de conduta terem fornecido *insights* importantes. O conceito de posicionar modelos de conduta em uma escala foi extremamente útil no desenvolvimento de programas: por exemplo, a seção esportiva oferecia uma série de demonstrações práticas, enquanto a seção de moda tinha uma apresentação estilosa.

Pontos de contato da marca

A experiência de marca é a essência do relacionamento. Ela deve ser agradável, exceder expectativas, estar alinhada à marca e até inspirar indivíduos a falar sobre suas interações positivas. Ela não deve ser frustrante ou decepcionante e, com certeza, não deve motivar ninguém a falar sobre incidentes negativos. Uma experiência de marca excelente pode ser um diferencial das proposições de valor. Foi o que aconteceu na Staples, que criou uma experiência de loja "fácil" que afetou diversos pontos de contato dentro das lojas.

A experiência de marca é criada por pontos de contato de marca que ocorrem sempre que um indivíduo no mercado interage com a marca. Nem todos os pontos de contato têm o mesmo impacto, os mesmos pontos fracos na execução ou a mesma estrutura de custos. A priorização e o aprimoramento dos pontos de contato podem ser executados por meio de um processo em cinco passos.[1]

1. **Identifique todos os pontos de contato existentes e em potencial.** Os pontos de contato podem ser controlados pela organização, mas também dirigidos por outra entidade, como um varejista ou um veículo de mídias sociais. Lembre-se de considerar pontos de contato que ainda não são utilizados, mas poderiam ser.
2. **Avalie a experiência do ponto de contato.** Para quais pontos de contato as expectativas internas não estão sendo atendidas? O que será necessário, em

termos de recursos e mudanças de programa, para melhorar a experiência ou agregar uma nova experiência de ponto de contato necessária? Qual a relação entre a experiência real e a ideal? Lembre-se de garantir que todos os segmentos são trabalhados. Na Jiffy Lube, a experiência foi projetada por homens e para homens, mas 70% dos clientes eram mulheres, com opiniões diferentes sobre os pontos de contato da marca.
3. **Determine o impacto de cada ponto de contato nas decisões e atitudes do cliente.** Quais importam de fato e influenciam o relacionamento no futuro?
4. **Priorize.** Um ponto de contato de alta prioridade com uma experiência deficiente influenciaria o relacionamento com o cliente e necessitaria uma solução custo-benefício mais adequada.
5. **Desenvolva um plano de ação.** Para os pontos de contato prioritários, desenvolva um programa para alterar a experiência do ponto de contato. Identifique o responsável pela iniciativa de mudança e o modo como a melhoria deve ser mensurada.

Os três primeiros passos podem ser facilitados pelo uso de RET (*real-time experience tracking*, ou monitoramento da experiência em tempo real), no qual um respondente recebe um aplicativo com o qual pode fazer anotações ou avaliar cada experiência de ponto de contato, respondendo quatro perguntas: (1) Qual pequeno conjunto de marcas estava envolvido? (2) A partir de uma lista predeterminada, qual tipo de ponto de contato estava envolvido? (3) A experiência proporcionou uma sensação positiva? De que nível? (4) A experiência aumentou sua probabilidade de escolher a marca? Quanto?[2] O RET permite que os pontos de contato e seus impactos sejam quantificados sem precisar seguir as pessoas pela loja ou confiar em sua memória.

De pontos de contato a jornadas

Melhorar a experiência de marca em todos os pontos de contato é uma maneira de construir e solidificar as relações de marca. Contudo, uma ideia maior ainda seria considerar uma jornada, ou seja, um conjunto de pontos de contato ativados em resposta a uma tarefa, questão ou problema motivador do cliente.[3] Por exemplo, o cliente pode precisar de informações sobre uma oferta, iniciar ou alterar um serviço ou resolver um problema técnico. Cada um desses casos envolve vários pontos de contato, possivelmente envolvendo diversas unidades organizacionais.

Com uma perspectiva de jornada, o objetivo é tornar tal jornada simples, fácil, compreensível e eficiente do começo ao fim. Em vez de melhorar a experiência associada com um ponto de contato, alguns pontos podem ser eliminados ou consolidados. A transferência de um ponto de contato para o seguinte pode ser melhorada. A análise das causas fundamentais da insatisfação podem levar a uma reformulação ou eliminação completa da jornada. O processo em cinco passos ainda pode funcionar, mas no nível da jornada, não dos pontos de contato.

Motivações do cliente e necessidades não atendidas

O cliente real ou potencial e o uso que dá à oferta podem ser fontes de ideias. A maneira mais direta de descobri-las é pedindo aos clientes que identifiquem motivações, problemas e necessidades não atendidas. O resultado pode ser um conceito sutil e um trampolim para um programa de construção de marca. Os problemas dos clientes quando compram carros levou a Lexus a criar uma experiência de compra mais apoiadora e informativa. A Best Buy desenvolveu o Geek Squad, que ajuda clientes a instalarem e atualizarem sistemas de entretenimento e computadores, em resposta à insatisfação dos clientes.

Contudo, os clientes podem não conseguir ou não estar dispostos a oferecer esses *insights*. Uma frase famosa de Henry Ford diz que se você perguntasse aos clientes sobre suas necessidades de transporte não atendidas, eles teriam respondido que precisavam de "cavalos mais rápidos". Em alguns casos, os clientes podem hesitar em demonstrar sua superficialidade, dizendo incorretamente que compram apenas com base na funcionalidade do produto.

Uma técnica de pesquisa que enfrenta esse problema é a pesquisa antropológica. Ela envolve "morar" com o cliente e observá-lo enquanto faz compras ou usa as marcas, na tentativa de aprender mais sobre seus hábitos, processos e problemas. A P&G, comprometida com esse tipo de pesquisa, pediu que um grupo de seus profissionais de marketing "morassem" com famílias mexicanas de baixa renda.[4] Os pesquisadores da P&G descobriram que ter roupas limpas era prioridade, que lavar roupas era um processo demorado, que 90% utilizavam amaciantes, que vários ciclos de enxágue estavam envolvidos e que a falta de água era um problema crítico. Em resposta a esses resultados, a P&G criou o Downey Single Rinse, que resolvia os problemas de falta de água e demora. Foi um grande sucesso para a empresa.

A pesquisa antropológica também funciona em contextos B2B. A Thomson, uma empresa de dados financeiros, analisou o comportamento três minutos antes e três minutos depois de seus dados serem utilizados.[5] A empresa descobriu que os clientes inseriam seus dados em planilhas e criou um serviço que eliminava esse passo, melhorando sua proposição de valor. Pesquisas desse tipo são demoradas, mas se tornam mais eficientes quando os respondentes podem utilizar um *smartphone* para registrar e comentar suas ideias e experiências em tempo real e online.

As equipes de marca podem também deixar os clientes de lado e tomar decisões sobre motivações e necessidades não atendidas com a análise do contexto do cliente e uma análise sobre como ele pode ser melhorado. Os clientes certamente não teriam imaginado a possibilidade de comprar produtos em uma loja exclusiva da Apple, com sua energia, layout limpo e Genius Bar, mas Steve Jobs teve o *insight* de que uma loja como essa representaria a essência da marca Apple e seria bem-recebida pelos clientes.

Ser oportunista

Os melhores construtores de marcas são oportunistas. Quando a Hyundai venceu o cobiçado prêmio Carro do Ano de 2009 no North American International Auto Show, a empresa pode explorar essa conquista agregando credibilidade (com um ponto de explicação) a sua história de qualidade e estilo. Uma equipe de construção de marca precisa ser ágil e flexível para utilizar essas oportunidades.

Em 2011, a Coreia do Sul estava envolvida em um esforço de construção de marca nacional liderado pelo presidente e administrado por um conselho de alto nível. O conselho tendia a se concentrar em chamadas (um membro me informou que se o slogan certo fosse encontrado, o sucesso seria consequência), visuais, eventos locais e um nível modesto de publicidade. Minha opinião era que, em vez disso, eles deveriam aproveitar eventos, empresas e pessoas. Por exemplo, quando a Coreia foi sede da Copa do Mundo em 2002, ela deveria ter usado isso para promover a marca Coreia. Quando o país realiza seu Fórum do Conhecimento Coreano anual, reunindo líderes intelectuais de todo o mundo, o conselho deve encontrar maneiras de contar sua história nesse contexto, quando a exposição e o impacto serão enormes. E quando uma mulher coreana, So Yeon Ryu, vencer o U.S. Open Golf Championship, fornecer um *coaching* para ajudá-la a lidar com a energia e a fama da vitória e garantir que ela torne sua nacionalidade parte da história dará retorno significativo a um custo ínfimo em relação a qualquer esforço de publicidade.

Alavancagem de ativos

Nenhuma marca precisa construir um programa do zero. Em vez disso, ela pode se embasar em seus ativos.

Voltando ao caso da Coreia do Sul, o conselho de construção de marca tinha um orçamento modesto para publicidade e eventos. Ao mesmo tempo, a Samsung e a Hyundai gastavam mais de 1,5 milhões de dólares em publicidade apenas nos Estados Unidos, e vários múltiplos disso em termos de seu orçamento de marketing global. Se uma parte mínima desse orçamento promovesse os objetivos da marca Coreia, os esforços do conselho seriam praticamente irrelevantes. A realidade é que a imagem de um país é determinada pela imagem de suas grandes empresas. Pense sobre o impacto da Singapore Airlines em Singapura ou da Mercedes na Alemanha.

Os símbolos tradicionais também são um ativo. Para países, temos o Guggenheim em Bilbao, o castelo de Edinburgo e o alpinismo no Nepal. Para marcas, temos a diligência da Wells Fargo, os Clydesdales da Budweiser, os personagens da Disney, Betty Crocker e vários outros. Quando um símbolo icônico está disponível, especialmente quando ele conta uma história por si só, é preciso alavancá-lo.

Pontos certos do cliente

Construir uma marca é uma questão de comunicar a marca e sua visão aos clientes. Uma abordagem bastante diferente envolve transformar a marca em parceira ativa em uma área na qual o cliente está interessado ou pela qual é apaixonado. O Capítulo 11 explora por que essa opção pode ser eficaz e como implementá-la.

Mais

Essas seis abordagens funcionam quase sempre. Contudo, muitas outras abordagens também podem ser úteis, como:

- Usar a disciplina do **pensamento criativo** dirigida para arenas específicas de construção de marca. Sessões eficazes de pensamento criativo têm objetivos claros, evitam avaliações durante o processo de geração ou aprimoramento de ideias e empregam pensamento lateral (começar o processo de pontos de referência diferentes ou até absurdos). Em geral, a criatividade sai ganhando com a quebra da rotina, como saídas de campo destinadas à obtenção de novas perspectivas.
- **Encontrar e alavancar histórias** sobre experiências de clientes, ações de funcionários ou os primeiros dias da organização. A história de como Thomas Edison fundou a GE em 1890, baseada em uma série de invenções que envolviam iluminação, transporte, energia e equipamentos médicos, dá vida à GE de hoje. As histórias funcionam porque tornam as mensagens mais vívidas, autênticas e memoráveis. O Capítulo 14 discute o poder das histórias no contexto da gestão interna de marcas, mas elas também se aplicam à construção externa de marcas.
- **Dar autonomia a todas as unidades da organização** para que tenham suas próprias ideias. Uma grande ideia de marca pode vir de outro país, de outra classe de produtos com a mesma marca, da equipe digital ou de iniciativas

de patrocínio. A chamada "Hair So Healthy It Shines" ("Cabelo Tão Saudável que Brilha") da Pantene veio de Taiwan, os sorvetinhos Dibs da Nestlé vieram dos Estados Unidos e a calça Dockers da Levi's veio da América do Sul. O segredo é que não basta estimular o surgimento de ideias, é preciso testar, alavancar e ampliar a escala das melhores ideias sem nenhuma demora. O Capítulo 20, que discute o problema dos silos, aprofunda essa discussão.

- **Empregar** *crowdsourcing*. Faça uma pergunta, como elaborar uma promoção ou evento que engaje o público-alvo, para os participantes de qualquer um entre diversos sites de *crowdsourcing*. Os segredos da eficácia incluem ter um *briefing* bem definido, um incentivo atraente à participação e uma maneira de avaliar as contribuições.
- Analisar os **pontos fracos da concorrência**, incluindo possíveis "motivos para não comprar", e tentar posicioná-los, bem como os da sua marca. Quando a PowerBar lançou a Pria em resposta à Luna da Clif Bar (a primeira barra de cereais para mulheres), a Pria conseguiu desenvolver uma resposta baseada em ser menor, ter menos calorias e ter gosto e textura melhores e diferentes.
- Examinar **segmentos de mercado ou aplicações emergentes**, pois eles podem revelar um caminho para o crescimento e, mais ainda, para renovar a marca. Lembre-se da história clássica sobre como o bicarbonato de sódio Arm & Hammer eliminava odores de geladeiras. A descoberta mudou a marca para sempre.
- **Refinar, refinar, refinar.** Os melhores programas de construção de marca não surgem prontos e em sua forma final. Em vez disso, uma ideia com potencial precisa evoluir aos poucos, mudando e melhorando até que surja uma grande ideia. Além disso, sua implementação geralmente exige uma série de passos de teste e aprendizagem.

Em suma

Não se contente em gastar um orçamento de construção de marca. Busque ideias revolucionárias. As ideias podem vir de qualquer lugar, mas são facilitadas por uma série de métodos e processos, como explorar modelos de comportamento externos, analisar pontos de contato da marca, identificar as motivações e necessidades não atendidas do cliente, alavancar ativos e ser oportunista. O importante é ter disposição para investir na visão de marca, ter a motivação para torná-la realidade e a aspiração de criar ideias de construção de marca "grandes".

Capítulo 11

Foco nos *sweet spots* do cliente[1]

Não adianta mandar o rio parar de correr, o melhor é aprender a nadar com a correnteza.
— **Anônimo**

Quando criamos uma estratégia de marketing, nosso primeiro instinto é perguntar: como a oferta, a marca e a empresa podem ser promovidas? Como aumentar a visibilidade, reforçar as associações e fidelizar os usuários? A orientação é determinada por metas de desempenho financeiro e pela premissa de que os clientes são racionais e vão desejar conhecer e reagir a informações sobre um produto ou serviço. O problema é que o marketing e a construção de marca motivados pela oferta muitas vezes não funcionam, pois não conseguem engajar os clientes, especialmente quando a oferta é irrelevante, tangencial ou desconectada de seus estilos de vida. Isso é especialmente verdade para estratégias digitais que buscam criar uma comunidade.

Mas há uma alternativa. Procure um dos "*sweet spots*" (pontos ideais) do cliente e descubra uma ideia ou programa de "interesse compartilhado" que envolva conectar a marca a esse *sweet spot*. Um *sweet spot*, seja ele aventuras em Nova York, vida saudável, alpinismo, sustentabilidade ou um time de futebol, deve estar relacionado a alguma coisa importante para os clientes e que os deixe envolvidos, algo sobre o qual ficam motivados a falar. O ideal é que ele seja parte de sua autoidentidade e estilo de vida, se não um elemento central deles, e/ou reflita um propósito mais elevado em suas vidas.

O programa de interesses compartilhados pode ser formado em torno da oferta ou marca, especialmente para uma marca de alto envolvimento, como a Tesla ou a Xbox. Contudo, para a maioria das marcas e empresas, as ofertas não são relevantes para nenhum possível *sweet spot* do cliente. Nesse caso, é preciso criar um evento, atividade, área de interesse ou causa que se conecte com um *sweet spot* real do cliente. Ele precisa encontrar eco, destacar-se da multidão e criar um eixo em torno do qual desenvolver um conjunto de programas coordenados de construção de marca. Pense nos exemplos da Pampers e da Coca-Cola, ou a história da "Campanha Pela Real Beleza" da Dove, descrita abaixo.

A Pampers foi além das fraldas, "se apropriando" do site Pampers Village, que oferece uma central de informações para questões relativas a bebês e cuidados infantis que recebe mais de 600.000 visitantes únicos por mês. Todas as sete seções do site (Gravidez, Novo Bebê, Desenvolvimento do Bebê, Crianças Pequenas, Pré-Escolares, Eu e Família) têm menus de tópicos. Por exemplo, sob "Desenvolvimento do Bebê", o usuário encontra artigos, 230 fóruns e 23 atividades de jogos educativos. Sua comunidade online permite que mães e futuras mamães se conectem umas às outras para compartilhar suas experiências em comum e trocar ideias sobre como criar um filho saudável e feliz. O programa demonstra que a Pampers entende as mães e trabalha para estabelecer um relacionamento entre a marca e a mãe com o potencial de continuar pelo resto de seu período de compra de Pampers.

A Coca-Cola demonstrou sua ligação com um propósito maior ao formar uma parceria com a World Wildlife Foundation, que realiza grandes iniciativas de conservação de água, redução de emissões de carbono e preservação dos ursos polares. Um componente visível da Coca-Cola é um esforço de destacar os ursos polares com pesquisas (os clientes podem contribuir e receber um terreno virtual no Ártico para monitorar os ursos) e promoções como a Polar Pick-me-up, onde o usuário pode mandar uma Coca para um amigo. O site da Coca-Cola no Facebook, com 35 milhões de "curtidas", coordena o esforço. A comunidade fornece a empatia, a energia e o engajamento do cliente para a Coca. Ela encontra eco junto a um segmento importante para a empresa, provavelmente diferente do segmento que responde aos vídeos engraçados sobre a "felicidade Coca-Cola".

DOVE: CAMPANHA PELA REAL BELEZA

A "Campanha Pela Real Beleza" da Dove foi criada no Brasil em 2004 pela Ogilvy & Mather. A ideia era conscientizar as mulheres de que elas têm uma beleza real que não depende do corpo padrão jovem e magérrimo das modelos, sempre com maquiagem em excesso. O objetivo era provocar uma mudança fundamental na maneira como as mulheres são vistas e em sua autoestima. A campanha começou com anúncios mostrando mulheres reais, algumas mais velhas ou mais pesadas do que o "ideal", mas que demonstravam beleza. Outdoors convidavam os transeuntes a votar se determinada modelo era, por exemplo, "Gorda ou Linda", "Enrugada ou Maravilhosa", com os resultados da votação atualizados em tempo real.

Em uma variação da campanha, um artista forense desenhou diversas mulheres, primeiro apenas com base em descrições de si mesmas (ele nunca as vê de verdade) e depois com base na descrição de um estranho que as observou. A modelo, vendo os resultados dos desenhos lado a lado, percebe que as imagens inspiradas pelos estranhos são muito mais positivas do que as versões de suas próprias descrições. A chamada? "Você é mais bonita do que imagina". Os dois primeiros anúncios de três minutos da Dove Retratos da Real Beleza foram vistos por mais de 35 milhões de usuários duas semanas depois de serem postados no YouTube.

A Campanha pela Real Beleza envolve programas importantes, com um público-alvo composto de meninas. A Dove colaborou com as Bandeirantes dos Estados Unidos para promover programas de autoestima e liderança entre adolescentes e pré-adolescentes, como o "Uniquely ME!" ("Exclusivamente EU!") e "It's Your Story–Tell It!" ("A História é Sua! Conte Você!"). Um evento anual, Fim de Semana da Autoestima Dove, tenta inspirar mães e mentoras a conversar com as meninas em suas vidas sobre beleza, confiança e autoestima, apoiadas por materiais de discussão.

A Campanha pela Real Beleza funcionou em diversos níveis. Ela se ligou a uma preocupação profunda da base de clientes: sua aparência e autoconfiança. Além disso, ela trabalhou as questões da insegurança e autoestima das jovens, algo com o qual as clientes se solidarizam. A campanha acertou em cheio o coração do público, dando um propósito maior à marca e criando um interesse compartilhado com as clientes.

Estima-se que o impacto em mídia espontânea para alguns de seus esforços seja equivalente a trinta vezes o valor dos investimentos em propaganda. Um dos anúncios, chamado de "Evolution", que mostra o esforço necessário para criar o "visual artificial de modelo", conquistou prêmios de publicidade e criou exposição gratuita estimada em 150 milhões de dólares. Há histórias sobre aumentos incríveis nas vendas ligados à campanha, enquanto levantamentos mostram que quem conhece o esforço tem maior probabilidade de usar e recomendar produtos Dove. Mas a melhor evidência desse impacto é a criação de uma enorme base de negócios, estimada em mais de 3 bilhões de dólares.

O sucesso da marca Dove não aconteceu por acaso. Ela se baseou em pesquisas, e uma série de métodos foram empregados para entender os problemas enfrentados pelas mulheres com relação aos produtos Dove e à percepção de beleza. O Programa de Autoestima Dove, por exemplo, possui um Conselho Consultivo Global de 11 membros. Além disso, também há a capacidade e disposição de estimular e acessar a criatividade de pessoas ao redor do mundo e então promover as melhores ideias no mercado. Permitir que as ideias emerjam e desabrochem não é uma parte natural na maior parte das organizações. Os esforços da Dove foram incríveis.

Quanto vale um programa de *sweet spot* centrado no cliente?

Ligar-se a um *sweet spot* do cliente abre canais para um relacionamento muito mais rico do que aquele baseado na oferta, que é, para a maioria das marcas, determinado por um benefício funcional e relativamente superficial e vulnerável. Em especial, um programa de *sweet spot* tem o potencial de:

Criar energia de marca e interesse

Um dos principais desafios para a maioria das marcas em nível global é criar energia e visibilidade. Para a Avon, por exemplo, a linha de produtos não é uma fonte de energia, mas a Caminhada Contra o Câncer de Mama da Avon cria envolvimento, conecta-se a uma área pela qual o público-alvo é apaixonado e dá um propósito maior à marca Avon. Milhões de mulheres participaram direta ou indiretamente durante mais de 20 anos e têm orgulho de um programa que arrecadou mais de 600 milhões de dólares para a pesquisa sobre o câncer. Isso é energia.

Se você produz cachorro-quente, é difícil fabricar energia. Contudo, se enfocar eventos e festas importantes para crianças, montar o Oscar Meyer Wienermobile (ou oito deles, para ser preciso) e ainda criar um concurso de jingles, sua energia vai ser real. Toda a inovação do mundo em cachorros-quentes ainda não chegaria nem perto.

Aumentar a empatia e credibilidade da marca

Conectar uma marca a um *sweet spot* do cliente a eleva muito acima do ruido que emana das empresas que gritam "minha marca é melhor que a sua". Os sentimentos positivos associados com a área de interesses compartilhados pode levar a sentimentos positivos com relação à marca: as pessoas atribuem inúmeras características positivas a marcas de que gostam e com as quais compartilham interesses.

A Hobart, fabricante de equipamentos de alto nível para cozinhas institucionais, se tornou líder intelectual e fonte de informações sobre problemas como encontrar, treinar e reter bons trabalhadores; garantir a segurança dos alimentos; oferecer experiências alimentícias tentadoras; eliminar custos; e reduzir furtos e desperdício. A Hobart se tornou a empresa com "Bons Equipamentos, Bons Conselhos". O programa teve impacto sobre as percepções e atitudes em relação à marca e deu a Hobart um papel de liderança que durou mais de uma década, até a empresa ser adquirida e integrada a uma organização maior.

A hipótese de que um programa de interesses compartilhados positivo e envolvente produzirá uma melhoria na imagem da marca é apoiada pelo efeito halo, estudado originalmente na década de 1930 pelo psicólogo Edward Thorndike no contexto do impacto da beleza de um indivíduo sobre a percepção de suas outras características. Quando aplicado a marcas e marketing, ele sugere que uma associação de marca influencia percepções de outras associações. Ele ajuda a explicar o impacto positivo de garotos-propaganda, a entender por que extensões bem-sucedidas fortalecem a imagem da marca e por que o envolvimento de alta credibilidade da marca em um interesse compartilhado afeta a empatia e a imagem da marca. A pessoa tende a ver com melhores olhos uma entidade que tem os mesmos valores e interesses.

Formar um relacionamento de marca amiga, colega ou conselheira

A existência de um programa de *sweet spot* torna a metáfora de uma relação de amizade, coleguismo ou aconselhamento mais fácil de aplicar.[2] A California Casualty, uma seguradora de imóveis e automóveis especializada em professores, tem o programa "School Lounge Makeover" ("Reforma da Sala dos Professores"), que dá 7.500 dólares para atualizar salas dos professores em escolas com histórias marcantes. Apenas um amigo se interessaria por um problema ao mesmo tempo tão prosaico e tão importante. A California Casualty também atua como colega, compartilhando metas e programas ao ser patrocinadora e parceira da IMPACT, organização que luta contra a distração de adolescentes no volante por meio de programas educacionais e de envolvimento nas escolas. Por fim, a marca pode ser um conselheiro ou mentor. A General Mills, que compartilha seu interesse pela alimentação sem glúten por meio de seu site GlutenFreely.com, por exemplo, está posicionada para apoiar uma comunidade formada em torno de problemas com o consumo de glúten, oferecendo conselhos e incentivo para seus membros.

Estimular uma rede social

Muitas vezes, uma comunidade associada a uma iniciativa de *sweet spot* tem o potencial de gerar altos níveis de atividade social, fato cada vez mais difícil de se concretizar em tempos de overdose de mídias sociais. Concentrar-se no que uma pessoa ama, como o cuidado com bebês no Pampers Village ou viagens de motocicleta no site da Harley-Davidson, motiva o usuário a buscar informações ou compartilhar ideias e experiências. O processo pode estimular os principais motivos para se tornar socialmente ativo: relevância do conteúdo (obter ou disseminar informações especialmente úteis ou instigantes), autoenvolvimento (obter atenção, demonstrar conhecimento) ou outras formas de envolvimento (pertencer a uma comunidade e ajudar terceiros).

Como proceder

Criar um programa de interesses compartilhados bem-sucedido, como sugerido pela Figura 4, envolve identificar um *sweet spot* do cliente e então descobrir ou criar um programa de conexão. Cada passo possui incertezas e desafios significativos.

Identificar um interesse compartilhado que engajará o público

O primeiro desafio é aprofundar o seu entendimento sobre os clientes para encontrar um conjunto de possíveis pontos certos. Como eles gastam seu tempo livre? Quais são suas atividades favoritas? O que eles têm que consideram importante e indicativo de suas personalidades e estilos de vida? Sobre o que conversam? Que questões chamam sua atenção? Em que áreas têm opiniões fortes? Quais são seus valores e crenças? Qual é o seu propósito maior?

Com um entendimento sobre o cliente em mãos, há três entradas para a identificação do programa certo de interesses compartilhados.

A oferta como parte integrante

A primeira entrada é determinar se a marca pode ser integrada a um programa de "*sweet spot*" e se tornar uma parceira que contribui com ativos e substância. A organização de saúde Kaiser Permanente, por exemplo, reposicionou sua marca para se afastar do foco em serviços de saúde (ligada a burocracia e doenças) e se aproximar de um interesse compartilhado em estilos de vida saudáveis (associados com controle e bem-estar). O programa de interesses compartilhados envolve membros que controlam sua própria saúde acessando uma ampla variedade de programas de saúde preventiva em áreas como controle do peso, gestão do estresse, insônia, tabagismo, alimentação saudável e muito mais, tudo

```
┌─────────────────────────────────────────────┐
│      IDENTIFICAR UM INTERESSE COMPARTILHADO │
│  • Oferta como Parte Integrante             │
│  • Baseado em uma Associação Natural        │
│  • Modelo de Patrocínio Desconectado        │
└─────────────────────────────────────────────┘
                      │
┌─────────────────────────────────────────────┐
│              CRIAR UM PROGRAMA              │
│  ┌──────────────────┐  ┌──────────────────┐ │
│  │ PROGRAMA EXTERNO │  │ NOVO PROGRAMA    │ │
│  │ DE INTERESSES    │  │ INTERNO DE INTE- │ │
│  │ COMPARTILHADOS   │  │ RESSES COMPARTI- │ │
│  │ COM MARCA        │  │ LHADOS COM MARCA │ │
│  │ EXISTENTE        │  │                  │ │
│  │ • Força?         │  │ • Necessidade do │ │
│  │ • Ligação marca/ │  │   mercado?       │ │
│  │   programa?      │  │ • A empresa con- │ │
│  │                  │  │   segue cumprir  │ │
│  │                  │  │   o prometido?   │ │
│  │                  │  │ • Tração do pro- │ │
│  │                  │  │   grama?         │ │
│  │                  │  │ • Público vale a │ │
│  │                  │  │   pena?          │ │
│  │                  │  │ • Ligação marca/ │ │
│  │                  │  │   programa?      │ │
│  └──────────────────┘  └──────────────────┘ │
└─────────────────────────────────────────────┘
```

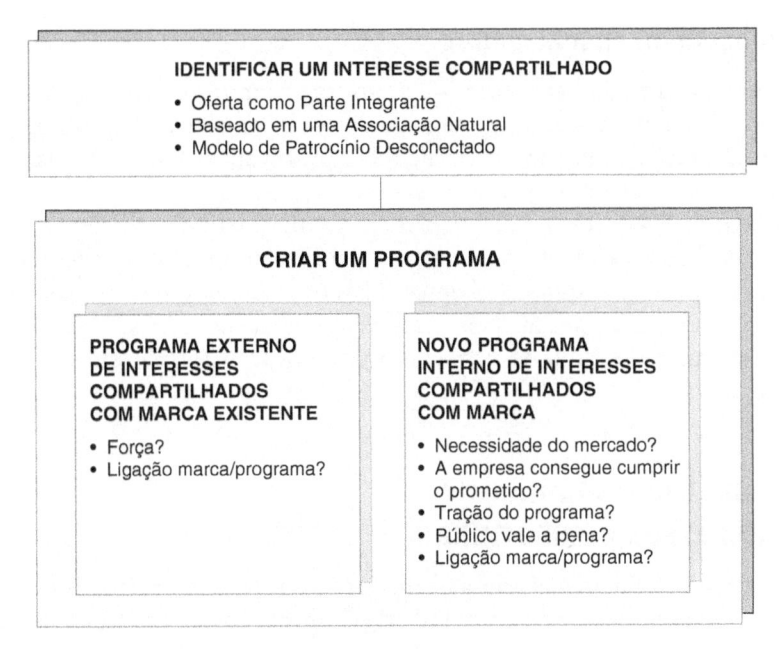

Figura 4 Um programa de interesses compartilhados.

apoiado pelo "My Health Manager", que pode ser utilizado para registrar e monitorar a participação no programa. Esses programas têm seus próprios focos e objetivos, os quais são muito diferentes da promoção de uma equipe sensibilizada aos problemas do paciente e de hospitais limpos e eficazes.

Uma adaptação baseada em uma associação natural

Uma segunda entrada é construir um *sweet spot* que tenha uma conexão natural com a marca. Diversas bases podem ser utilizadas para estabelecer uma conexão de marca, como estilo de vida (Zipcar e o estilo de vida urbano), aplicações de ofertas (Harley-Davidson e passeios de motocicleta), uma atividade (Adidas Streetball Challenge, torneio de basquete local com equipes de três jogadores, cercado por um fim de semana de festa, música, dança, etc.), um cliente-alvo (Pampers e cuidados com bebês), um país (a Hyundai produz e patrocina o Kimchi Bus, um esforço de 400 dias para disseminar a culinária coreana), valores (Dove e a redefinição da beleza) ou um interesse (o site Sephora BeautyTalk para quem se interessa por questões e dicas de beleza). A adaptação precisa funcionar e não pode ser incongruente.

Desconectado: apenas patrocínio

Uma terceira entrada é encontrar ou criar um programa de *sweet spot* que não tenha conexão ou cuja conexão seja distante. A Caminhada Contra o Câncer de Mama da Avon não tem nenhuma relação com suas ofertas. O mesmo vale para os diversos eventos ligados ao energético Red Bull, incluindo, por exemplo, a Red Bull Air Race. Relaxar a regra tradicional de que é preciso haver alguma conexão ou adaptação da marca significa eliminar os limites na busca por uma área com a qual os clientes ficarão totalmente envolvidos. Tudo é possível, então, fica mais fácil encontrar uma ideia vencedora. Contudo, ligar a marca a um programa desconectado pode se transformar em um grande desafio.

Crie um programa interno de interesses compartilhados

Um programa de interesses compartilhados interno e de propriedade exclusiva, como o Pampers Village ou a Caminhada Contra o Câncer de Mama da Avon, têm vantagens enormes. Acima de tudo, a substância, a evolução e o investimento do programa podem ser controlados pela empresa. Contudo, a dificuldade e o custo de estabelecer um novo programa podem ser obstáculos igualmente grandes. Assim, a probabilidade dos programas serem viáveis e bem-sucedidos pode ser testada com cinco perguntas:

1. **Um novo programa de interesses compartilhados é necessário?** Quanto mais atraente é uma área de interesses compartilhados, maior a probabilidade de outros já estarem presentes. Esses participantes podem não ser concorrentes, mas apenas outras empresas. As principais marcas de receitas, os sites FoodNetwork.com e Allrecipes.com, com conteúdo impressionante e marcas fortes, são controladas por empresas de mídia, não por marcas de alimentos. Uma questão fundamental é se os esforços existentes podem ser superados por uma nova tentativa ou neutralizados com uma estratégia de nicho mais focada. Há espaço para outro esforço? O que está faltando? É preciso que haja uma oportunidade para o novo participante.
2. **A empresa consegue cumprir a promessa?** Um programa de interesses compartilhados precisa ter substância de verdade e ser especial em algum aspecto, seja isso conteúdo, seja apresentação. Ativos e competências precisarão ser desenvolvidos ou terceirizados. Também será necessário ter apoio organizacional para um período prolongado que incluirá reveses e usos alternativos para os recursos.

3. **O programa vai chamar a atenção?** Um programa de interesses compartilhados precisará de visibilidade e credibilidade suficientes para ser considerado pelos membros do público-alvo. Ele precisa ser relevante. O trabalho fica mais fácil se os ativos existentes da marca, como um site com um bom número de usuários, pode ser alavancado. O site da Sephora, por exemplo, tinha um fluxo significativo de clientes que gerou a base para o subsite de interesses compartilhados BeautyTalk (que oferece "respostas em tempo real, assessoria especializada, acesso a uma comunidade e sua dose diária de beleza"), além da credibilidade que vem da marca Sephora. O programa também precisa encontrar uma maneira de "pegar" (ser usado regularmente), garantindo que o conteúdo é inédito e que o envolvimento dos usuários está sendo estimulado.
4. **O tamanho do público vale a pena?** O tamanho final do público precisa ser significativo para o negócio, mas números brutos não são o único critério. A qualidade do público conta tanto quanto sua quantidade. Como se costuma dizer nessa área, é melhor que poucos amem do que muitos gostem.
5. **A marca pode se conectar ao programa?** Para que o programa consiga fortalecer a marca, os dois precisam estar ligados. Se o programa leva o nome da marca, a ligação quase sempre ocorrerá, mas a credibilidade e a autenticidade do programa podem ser questionados. Se o programa não incluir o nome da marca, é preciso desenvolver um plano para garantir que essa ligação será desenvolvida.

Encontre um programa externo existente

A decisão clássica entre fazer ou comprar deve estar em jogo. Um programa interno e exclusivo de *sweet spot* significa que a substância, a evolução e o investimento do programa podem ser controlados pela empresa. Contudo, estabelecer um novo programa pode ser caro, difícil e até inviável, especialmente se as opções em consideração já têm equivalentes no mercado ou se as empresas não têm os recursos necessários para criar um programa concorrente.

Uma opção é encontrar um programa de *sweet spot* estabelecido e de marca própria, com comprovada visibilidade e eficácia e ligar-se a ele. A Home Depot queria um programa que alavancasse seus ativos e conhecimento especializado para ajudar famílias carentes a construir ou reconstruir casas. Sua solução foi formar uma parceria com a Habitat for Humanity, um programa de marca com um longo histórico de sucesso na construção de casas para quem precisa de ajuda. A Home Depot ofereceu um apoio visível e concreto com material de construção, voluntários de sua equipe especializada e sinalização especial em suas lojas e site. Para muitos clientes da Home Depot, a ligação era conhecida. Além disso, não importa se a Habitat for Humanity está ligada à Home Depot ou não, mas apenas o contrário, pois o objetivo é influenciar a marca Home Depot.

Em suma

Os clientes não estão interessados em esforços para promover uma oferta, marca ou empresa, mas essa é a base de boa parte do marketing. Uma alternativa é se concentrar nas atividades ou interesses com os quais os clientes *estão* envolvidos, ou seja, seus "pontos certos". O desafio é criar um programa de *sweet spot* (ponto ideal) no qual a marca é considerada um parceiro com interesses compartilhados. É uma grande ideia que pode gerar energia, empatia e credibilidade para a marca; a base para um relacionamento mais profundo; e uma rede social ativada. Um programa de interesses compartilhados pode ser acessado por três entradas: oferta integrada ao programa, ligada a ele ou independente dele. O custo e a evolução de um programa interno e próprio pode ser controlado pela organização, mas um programa externo, com uma marca tradicional e histórico de sucesso, pode ser mais eficaz e viável em alguns casos.

Capítulo 12

Digital: uma ferramenta decisiva de construção de marca

É divertido fazer o impossível.
— **Walt Disney**

A competência digital envolve sites, blogs, mídias sociais, vídeos online, o mundo dos *smartphones* e muito mais. Ela se tornou uma necessidade para empresas que desejam construir ou fortalecer sua marca e criar programas de marca revolucionários. O meio digital é uma força especialmente poderosa, porque:

- **Engaja**. Os programas digitais, especialmente aqueles que envolvem uma comunidade, costumam estimular comentários e recomendações. Um público engajado fica mais suscetível a escutar, aprender, acreditar e mudar comportamentos em comparação àqueles que têm apenas exposição passiva a anúncios ou veem o nome do patrocinador em um evento. A exposição passiva é uma estratégia difícil para a comunicação e a mudança de atitudes.
- **Permite que o conteúdo seja rico e profundo**. As mídias sociais não são limitantes em termos de conteúdo. Um site contém uma quantidade enorme de informações e um vídeo de quatro minutos pode contar uma história de forma profunda.

- **Define alvos.** A maioria das modalidades digitais pode ajustar seu foco até o nível do consumidor. O usuário de um site, por exemplo, pode adaptar a experiência às suas necessidades.
- **Conquista confiança.** Em comparação a anúncios impressos e televisivos pagos, o conteúdo de sites e opiniões de clientes online têm maior nível de confiança, pois mais conteúdo significa mais substância e o "objetivo de venda" é menos evidente.[1]

O digital reúne e utiliza esses atributos e constrói marcas de quatro maneiras. Como mostrado na Figura 5, ele pode ampliar a oferta, apoiar a oferta, criar plataformas de construção de marca ou amplificar outras plataformas de construção de marca.

Ampliar a oferta

Um programa digital pode ampliar a oferta, agregando benefícios funcionais. Considere o Nike+, no qual um chip é inserido em um tênis para registrar as atividades do atleta. Alguns museus têm um aplicativo que oferece um guia turístico conveniente, enriquecendo a experiência do visitante. A NASCAR possui um aplicativo que permite que um membro do público nas arquibancadas escute a conversa entre os motoristas e os mecânicos. Agora o espectador está por dentro da ação. Os táxis têm aplicativos que permitem que pessoas chamem o veículo mais próximo. Algumas companhias aéreas têm aplicativos que permitem que os passageiros façam check-in, monitorem voos e mudem suas reservas. A FedEx fornece um aplicativo com o qual os clientes podem acompanhar o trajeto de suas encomendas. Em todos esses casos, o programa digital se torna parte da oferta e amplia o seu valor. Ele também aumenta a percepção de que a marca tem energia, é inovadora e está até criando "itens obrigatórios" que definem novas subcategorias.

Apoiar a oferta

O digital pode apoiar a oferta ao torná-la mais compreensível, emprestar-lhe mais credibilidade e tornar o processo de compra menos frustrante. Ele também pode encorajar novas aplicações e criar um mecanismo para melhorar a oferta.

Comunicar e apoiar a oferta

Uma ferramenta elementar é ter um site e outras plataformas, como o Facebook, para comunicar a oferta. O site pode ajudar o cliente a aprender mais so-

Capítulo 12 Digital: uma ferramenta decisiva de construção de marca

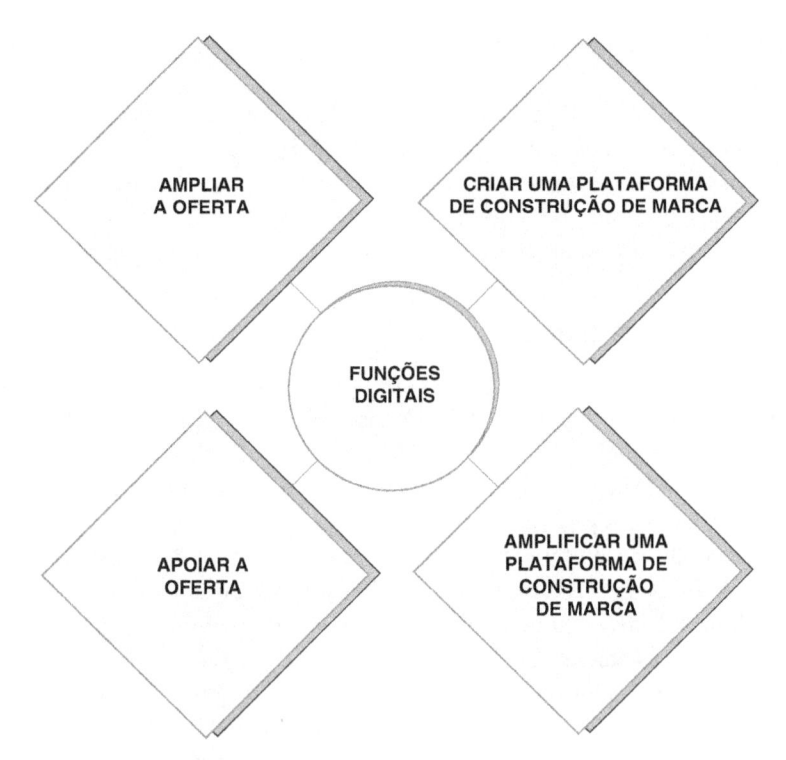

```
        AMPLIAR                    CRIAR UMA PLATAFORMA
        A OFERTA                   DE CONSTRUÇÃO DE MARCA

                     FUNÇÕES
                     DIGITAIS

                                   AMPLIFICAR UMA
        APOIAR A                   PLATAFORMA DE
        OFERTA                     CONSTRUÇÃO
                                   DE MARCA
```

Figura 5 A Função do Digital

bre a oferta, especialmente quando ela é complexa ou dinâmica. A Subway, por exemplo, comunica sobre sanduíches novos e antigos, muitas vezes no contexto de uma promoção. A marca tem aproximadamente 22 milhões de seguidores no Facebook, mas mais importante do que a quantidade é o nível especialmente forte de engajamento. Os visitantes da página estão em busca de informações sobre novos sanduíches e a promoção do dia. Já o site da Walmart permite que os usuários acessem informações sobre produtos e promoções de um enorme leque de itens vendidos pela rede. Seus visitantes têm certo nível de engajamento porque o site permite que naveguem por uma enxurrada de informações e acessem aquilo que lhes interessa no momento. Em ambos os casos, há um motivo funcional para ficar envolvido e voltar ao site.

Os sites orientados em torno da oferta, como os da Subway e da Walmart, precisam ser limpos, fáceis de usar e projetados com excelente navegabilidade. Nada demonstra melhor o poder da simplicidade do que seu efeito nas decisões dos clientes. Um estudo publicado na *Harvard Business Review* mostrou que as marcas que apresentavam informações mais simples e relevantes tinham probabilidade 86% maior de serem compradas e 115% maior de serem recomendadas para terceiros.[2]

O poder do apoio digital aumenta quando os clientes podem interagir com a empresa e a marca ou com outros clientes. A Dell, por exemplo, tem inúmeros fóruns de apoio e suporte com dimensões interativas, incluindo clubes de proprietários, o tradicional Direct2Dell, blogs sobre áreas de interesse, como TI corporativa, e muito mais.

Dar credibilidade à oferta

O cliente também quer informações confiáveis e relevantes sobre as marcas e orientações sobre como compará-las. Muitas vezes, as opiniões dos clientes, baseadas em experiências reais e sem influências comerciais, resolvem essa questão. O Painel de Mães da Walt Disney World, por exemplo, responde dúvidas sobre férias na Disney. A JC Penney posta vídeos de adolescentes conversando sobre suas compras e oferece *insights* sobre quais compras foram realizadas e por quê. A TurboTax lista mais de 100.000 resenhas de seus produtos, sem filtrar nenhuma delas, e ajuda os clientes a encontrar as resenhas mais relevantes para as suas necessidades.

O comentário relevante de especialistas também é uma maneira de obter credibilidade. A Saks Fifth Avenue contratou a jornalista de moda Dana Riggs para dar dicas a seus clientes. A Betty Crocker mantém um fórum "Pergunte à Betty" que cria a imagem da especialista tradicional. As formas digitais permitem que esses conselhos tenham um toque pessoal.

Facilitar o processo de compra

Quando buscam informações de marca, os clientes muitas vezes ficam gratos por receber alguma ajuda no processo de decisão. Eles podem estar frustrados e confusos com informações sobre os produtos que não estejam em um formato fácil de usar. Por reconhecerem essa realidade, diversas marcas de automóveis oferecem a possibilidade de comparar sua marca com outras relevantes e se tornam o ambiente no qual a decisão é tomada.

Tudo que puder reduzir a complexidade de uma decisão será bem recebido. A DeBeers usa os quatro Cs (corte, cor, claridade e quilate [*carat*]) para enquadrar uma decisão complexa e expressar sua posição de liderança. As informações filtradas por relevância serão valorizadas. A Herbal Essences oferece um guia de decisão baseado na identificação de necessidades de tratamento por tipo e cor de cabelo que simplifica a decisão de tratamento. O site ShoeDazzle.

com oferece sugestões de sapatos com base em informações sobre a personalidade do usuário, como seus ícones da moda e tipos de salto preferidos.

Estimular aplicações

Um possível segredo para o crescimento é encontrar novas aplicações para a marca e então incentivar o seu uso. Como observado no Capítulo 8, no site da Harley-Davidson os usuários podem postar seus passeios favoritos, incluindo mapas e pontos altos. A Home Depot utiliza diversos veículos de mídias sociais e seu site para ajudar os clientes pensar em reformas domésticas. Empresas de cosméticos explicam como e quando usar seus produtos. Seria difícil implementar esses esforços sem recorrer a recursos digitais.

Engajar o cliente no desenvolvimento e avaliação do produto

Uma área de interação com o cliente na qual todos saem ganhando é convencer o cliente a fornecer e avaliar ideias para novas ofertas ou melhorias. O MyStarbucksIdea, iniciado em 2008, mudou a Starbucks. As varinhas especiais para proteger os clientes que transportam bebidas quentes, pagamento móvel, novos sabores (incluindo bebidas light) e os pirulitos de bolo saíram do site. Nem todas as ideias (como filas separadas para café passado) dão certo, mas mesmos essas geram vitalidade e conexão para a marca. A Heineken tem 11 milhões de fãs no Facebook (mais do triplo da Budweiser), em parte por causa do desafio de redesign de sua garrafa. O primeiro concurso anual para inventar a nova garrafa de edição limitada teve mais de 30 mil participantes. As ideias implementadas por essas marcas podem não ser tão importantes quanto estabelecer um diálogo contínuo com os clientes e permitir que os funcionários tenham contato direto com eles.

Criar uma plataforma de construção de marca

As plataformas digitais de construção de marca podem ter um papel central, ou até serem uma das modalidades principais, com outros esforços de marketing em funções secundárias. A Singapore Airlines, por exemplo, patrocinou um concurso no qual os participantes enviavam vídeos de seus locais favoritos para tirar férias na Ásia. Os vencedores ganhavam passagens aéreas e estadia em um hotel quatro estrelas. Os aplicativos da ESPN permitem que os fãs confiram placares e estatísticas em tempo real. Em ambos os casos, temos plataformas de construção de marca apoiadas por outras modalidades.

Normalmente, uma plataforma de construção de marca se baseia em encontrar e se tornar um foco para um *sweet spot* do cliente. No Capítulo 10, foram apresentados diversos exemplos de plataformas de construção de marca determinadas por sites que estimulam o envolvimento de uma comunidade, como:

- O site Pampers Village, que se tornou uma central de dicas de cuidados com o bebê.
- O esforço da Hobart em se tornar líder intelectual e fonte de informações para os clientes de sua linha de eletrodomésticos para cozinhas industriais, incluindo artigos técnicos postados em seu site.
- A BeautyTalk da Sephora, o local para tudo que tem a ver com beleza.

Vídeos virais online

Um vídeo online bem-sucedido pode ser uma plataforma de construção de marca. Não é algo fácil de fazer, mas, quando dá certo, pode estimular exposições de alta qualidade e engajar o público-alvo, muitas vezes por uma fração mínima do custo da mídia paga. A DC Shoes, fabricante de tênis e outros produtos para skatistas e praticantes de *snowboarding*, começou em 2009 com vídeos que mostravam motoristas fazendo acrobacias em locais conhecidos, como as ruas de San Francisco. Em quatro anos, os vídeos foram visualizados mais de 180 milhões de vezes, o que equivaleria a pelo menos 5 milhões de dólares em mídia online paga.[3]

E não podemos nos esquecer do vídeo "Happiness Machine" ("Máquina da Felicidade"), da Coca-Cola, visualizado por mais de 10 milhões de consumidores. Em uma sala de estar de estudantes na St. John's University, uma pessoa compra uma Coca de uma "máquina da felicidade", mas, para sua surpresa, ganha várias e várias latas. De repente, uma mão aparece com flores, seguida por uma Coca-Cola e um copo cheio de gelo, um cachorro de balão, uma pizza e, finalmente, um sanduíche com vários metros de comprimento. Depois de muita risada, um estudante até tenta abraçar a máquina.

Promoções em mídias sociais

O digital permite que as empresas realizem promoções que, de outra forma, seriam inviáveis. Em 2009, a Ford queria que pessoas da geração y conhecessem e considerassem adquirir seu modelo Fiesta de 2011, baseado em um *design* europeu. A solução foi colocar 100 carros nas mãos de "influenciadores" com forte presença digital espalhados pelos Estados Unidos. Todo mês durante os seis meses do programa, cada "agente" completava uma missão temática criada pela Ford e descrevia sua experiência e opiniões em vídeos, *tweets*, *posts* em blogs, etc. O programa recebeu meio bilhão de impressões, consciência de marca de mais de 40% e milhares de pedidos em pré-venda. Tudo isso sem nenhum anúncio na mídia.

A promoção se tornou um esforço anual chamado de "The Next Fiesta Movement" ("O Próximo Movimento do Fiesta"), com 100 "influenciadores" selecionados todos os anos. Um detalhe é que o programa, baseado em mídias sociais, aproveita parte do que produz em anúncios do Fiesta. Outro é o uso de dois comediantes, eleitos entre os consumidores, que dirigem por Los Angeles em um Fiesta e competem entre si, realizando shows de comédia *standup* improvisados em frente a públicos aleatórios; o conteúdo dessas apresentações é promovido no YouTube e em outros canais.

Amplificar programas de construção de marca

O digital é uma excelente forma de amplificar outras iniciativas de construção de marca; ele reforça e torna mais eficientes todos os elementos dos programas de construção de marca. Um fato importante é que o site pode se transformar em um nó central da rede de programas, fortalecendo praticamente todas as plataformas de construção de marca, desde patrocínios e publicidade tradicional até promoções, eventos e muito mais. Mídias sociais como o Twitter e boletins por e-mail podem levar participantes a eventos e dar visibilidade aos patrocínios. Anúncios revolucionários podem estender sua vida útil no mundo das mídias sociais.

Por exemplo, considere como os patrocínios se beneficiam de atividades digitais de apoio.

Apoiar e aprimorar um patrocínio

Pense como o digital amplifica a Caminhada Contra o Câncer de Mama da Avon. O site é um lugar onde os participantes, seus amigos e seus apoiadores podem ler mais sobre a corrida, a programação, o processo de participação e sobre como fazer doações. Um patrocinador da NASCAR pode amplificar sua associação com o esporte e apoiar promoções com um site envolvente e informativo.

O digital amplifica os patrocínios da Red Bull, um energético com alto teor de cafeína, que cria ou patrocina centenas de eventos e competições todos os anos. A estratégia atingiu seu ápice em 2012, quando mais de oito milhões assistiram digitalmente enquanto Felix Baumgartner se erguia quase 39 km sobre o deserto do Novo México em um balão de hélio ultrafino de cinquenta e cinco andares, o "Red Bull Stratos", e saltou lá de cima, atingindo uma velocidade de 1357 km/h em uma queda de nove minutos. Desde então, outros quarenta milhões assistiram ao vídeo só no YouTube. A atividade digital pré e pós-salto, mais os documentários, somaram mais de um bilhão de impressões, o que representa um ROI incrível para o investimento da Red Bull, mesmo a um custo de mais de 40 milhões de dólares. O impacto teria sido uma fração ínfima disso sem o uso de recursos digitais.

Construção digital

Criar uma plataforma digital flexível e correta não é fácil. Algumas diretrizes:

Produza plataformas com várias modalidades digitais

O digital não é uma única modalidade, mas um conjunto de muitas delas, e elas são sinergísticas. Em geral, ele é uma combinação interligada de diferentes modalidades que aumentam o impacto dos números e da influência. Deixar algumas delas de lado reduz o impacto total.

Aprenda a integrar o digital no esforço de marketing

Infelizmente, o digital muitas vezes é tratado organizacional e conceitualmente como apenas mais um veículo de marketing, mas autônomo por algum motivo misterioso. Mas as empresas precisam integrar o digital ao esforço total de marketing e construção de marca. Uma função crucial do digital é amplificar os programas e apoiar as ofertas. O desafio é ao mesmo tempo técnico e organizacional: trabalhar com equipes de marketing de todos os tipos e entender como o digital amplifica em cada contexto. É preciso realizar ajustes em processos organizacionais, estruturas, pessoas e culturas. Para mais análise sobre a superação de silos organizacionais funcionais para criar comunicação integrada de marketing (CIM), consulte o Capítulo 20.

Pense em estratégia, não só em tática

Existe uma tendência de ver o digital como tático, adequado para apoiar a oferta ou amplificar outros programas de construção de marca. Não esqueça que é possível usar o digital para expandir a oferta de modo que amplie a proposição de valor ou crie uma plataforma de construção de marca movida por capacidades digitais. Em ambos os casos, o programa digital pode se tornar estratégico, o que tem consequências em termos dos recursos que lhe são alocados e no modo como é avaliado.

Experimente

O digital é um caminho que permite e recompensa a experimentação. As ideias podem ser exploradas com orçamentos menores. É possível desenvolver múltiplas execuções, algumas delas utilizando *crowdsourcing*, e testá-las de forma rápida e eficiente. É possível se comunicar com pequenos nichos do público que seriam inacessíveis utilizando outros veículos. Em alguns casos, a escala da comunicação com esses públicos menores pode ser ampliada para segmentos muito maiores.

Escute

O mundo das mídias digitais não é controlado pela marca; qualquer um pode dar início a ideias e questões relativas a marcas e experiências de marca. A marca pode ser atacada, às vezes com falsidades, e a equipe de marca deve estar preparada para reagir a esses ataques, ou pelo menos a se conscientizar deles. É absolutamente fundamental ser parte do jogo, não um mero espectador. Além do mais, a oportunidade de realizar interações contínuas com os clientes tem um potencial positivo enorme. Muitas empresas, como a Gatorade, montaram centrais de monitoramento de mídias sociais que acompanham e registram todos os comentários relacionados com a marca. Sentimentos como o número de comentários positivos para cada negativo podem ser bastante instrutivos. Problemas, sejam eles falsos ou verdadeiros, podem ser detectados à medida que surgem, e alguns dos mais prejudiciais podem ser eliminados antes de ganhar força. Também é possível coletar histórias úteis, novas aplicações e ideias de novos produtos.

Seja oportunista

Enquanto a visão de marca fornece orientação e disciplina, a organização precisa aprender a pensar rápido e a se adaptar. O mundo digital não para e as oportunidades surgem e desaparecem com grande rapidez. Quando uma nova plataforma de construção de marca aparece, esteja ela dentro ou fora do digital, as modalidades digitais precisam estar preparadas para cercá-la como as abelhas em uma colmeia.

Pense em conteúdo

Conteúdo é tudo. Não basta ter uma visão de marca inteligente, plataformas digitais e um orçamento. É preciso ter ideias criativas que levam a programas revolucionários. Em geral, isso significa que devemos dedicar mais recursos à geração de ideias e acessar mais fontes de ideias. A "Máquina da Felicidade" da Coca-Cola, por exemplo, começou como uma ideia saída de uma sessão de *brainstorming*. Outras organizações utilizaram veículos de *crowdsourcing*, conceito apresentado no Capítulo 10, nos quais os participantes respondem a desafios criativos.

As mídias sociais se alimentam de conteúdo. O conteúdo só é transmitido se é divertido ou funcional, se promove uma causa ou vai ao encontro de uma área de interesse. Os consumidores muitas vezes geram uma parcela significativa do conteúdo das mídias sociais. De 150 milhões de visualizações de conteúdo relacionado à Coca-Cola, menos de 20% foram gerados pela empresa.[4] Uma consequência é que a marca deve criar conteúdo que se espalhará pelo mundo das mídias sociais. Outra é que, quando o conteúdo criado pelo mercado está alinhado à marca, é preciso incentivar sua disseminação.

Estabeleça objetivos, mensuráveis se possível

Os objetivos de um programa digital precisam ser claros. A ideia é gerar vendas, conscientizar, gerar energia, apoiar uma imagem, fidelizar ou promover a defesa pública da marca? E como avaliar o programa, dado que a mensuração é cara, os resultados de curto prazo podem não ser relevante e outras modalidades, como publicidade e patrocínios, podem afetar os resultados? Ainda assim, manter os objetivos em mente e esclarecê-los será útil nesse processo.

Mas o que pode sim ser avaliado é a capacidade do programa de gerar impressões. Contudo, as impressões são passivas, enquanto medidas de engajamento, tais como comentários, *retweets*, *links* ou compras, tendem a estar mais associadas com os objetivos finais de promover a marca e fortalecer a base de clientes.

Em suma

O digital engaja, permite conteúdo rico, seleciona e gera confiança. Ele constrói marcas ao ampliar a oferta, apoiar a oferta, criar plataformas de construção de marca e/ou amplificar outras plataformas desse tipo. O sucesso no mundo digital envolve participar de uma ampla gama de modalidades e produzir comunicação integrada de marketing, evitando a ideia de que o digital é feito apenas de tática, experimentação, programas de ouvidoria, oportunismo, conteúdo rico e mensurações.

Capítulo 13

A consistência vence

Um diamante é um pedaço de carvão que teve perseverança.
— Thomas A. Edison

Uma das decisões mais importantes de um estrategista de marca é alterar a estratégia de marca ou sua execução. Tomar uma decisão equivocada ou no momento errado pode prejudicar a marca e o negócio. Por outro lado, quando novas circunstâncias obrigam a empresa a se adaptar, não ajustar a estratégia de marca ou sua execução pode levar a um prejuízo ainda maior para a marca e o negócio. Assim, é importante entender quando uma mudança é necessária e por que a motivação por trás dela precisa ser avaliada de forma objetiva e abrangente.

Motivações para mudanças

Cinco motivações podem provocar uma necessidade de mudança.

Primeiro, você tem evidências de que a estratégia de marca existente foi mal concebida ou não pode ser executada. Talvez ela tenha errado na escolha do segmento, proposição de valor ou aplicação. Ou não há como tornar a proposição de valor atraente. Prolongar uma estratégia incompetente ou equivocada é um desperdício e pode ser até perigoso. A marca e o negócio sofrem e o erro ainda atrasa o advento de uma abordagem melhor. Tudo isso sinaliza uma necessidade clara de reorientar a estratégia de marca.

MAS nem sempre é fácil determinar quando abandonar a estratégia. Os indicadores de desempenho de mercado de curto prazo conseguem prever o sucesso de longo prazo? Ou é preciso ter paciência? Além disso, o desempenho e o potencial insatisfatórios podem ser causados por uma limitação da oferta ou falta de inovação, e não uma questão de estratégia de marcas? A maioria dos negócios sofre para crescer quando não tem acesso a inovações drásticas. A inércia de mercado é simplesmente forte demais. Ou a estratégia de marca pode levar a culpa, quando o problema de verdade está na execução.

Segundo, a execução simplesmente não se destaca na multidão, não encontra eco junto ao público. É preciso desenvolver uma execução mais inovadora e envolvente para dar vida à estratégia. É um desafio, mas quase sempre viável se houver uma proposição de valor atraente e se a equipe de execução conseguir criar programas criativos e impactantes que chamem a atenção no mercado.

MAS a execução pode estar quase lá e precisar apenas de sintonia fina, modificações ou extensões para funcionar. Ou a execução pode apenas demorar mais um pouco para se ajustar e ganhar força. Além disso, uma execução superior pode não ser viável, dadas a oferta e a proposição de valor. Testar novas execuções pode ser simplesmente inútil.

Terceiro, há mudanças fundamentais no mercado e os pressupostos que sustentam a estratégia de marca e sua execução não são mais válidos. Os clientes evoluíram. A estratégia e sua execução podem ser defensáveis, mas o mercado-alvo está desaparecendo ou a oferta se tornou menos relevante. Se menos clientes estão comprando frango frito ou utilitários esportivos, a marca pode precisar de reposicionamento e a execução da estratégia de reformulação. Pense, por exemplo, em como a marca Kentucky Fried Chicken precisou mudar seu nome para KFC e se afastar do frango frito criado pelo Coronel Sanders.

MAS a suposta ameaça de uma tendência ou inovação do concorrente pode ser de curta duração, apesar do burburinho que a acompanha. Inúmeras forças de mercado e inovações explodiram no mercado e então sumiram. Quando surgiram na década de 1930, esperava-se que os barbeadores elétricos acabariam com as lâminas tradicionais, mas isso não aconteceu. Além disso, mesmo quando a ameaça é real, não é óbvio que a estratégia de marca deve mudar. A velha estratégia, com uma filosofia de "fazer o que sabe fazer", funcionou bem no passado e pode ser melhor do que as alternativas. O Capítulo 15 aprofunda a questão de como reagir a ameaças no mercado.

Quarto, a estratégia de negócios pode evoluir ou até mesmo mudar. Outro segmento pode ser adicionado. Por exemplo, a Gillette agora também se destina à mulher e a Ford está levando a sério os clientes que querem carros menores e mais baratos. Ou a marca pode ser estendida. A GE entrou nas áreas relativas à energia e sua marca precisou se tornar mais relevante para novos negócios, além de mais contemporânea. A proposição de valor da marca pode mudar. A Schlumberger está vendendo sistemas de serviço, não apenas ofertas de serviços individuais. Essas mudanças de estratégia de negócios significam que a estratégia de marca e sua execução podem não dar à marca o apoio de que a nova estratégia precisa. A estratégia de marca precisa ser movida pela estratégia de negócios e servir de sustentação para ela. Ser gerenciada de forma independente é um luxo que está a seu alcance.

MAS é preciso mudar tanto assim? A visão de marca e a execução precisam recomeçar do zero? Ou elas podem ser adaptadas com uma reorientação ou com mudanças menores? O patrimônio existente da visão de marca e sua execução podem ser modificados para servir de base para uma nova direção da marca? Em vez de um novo veículo, o esforço não pode ser apenas uma guinada?

Quinto, a marca e a oferta podem não ter energia e visibilidade, parecendo desgastadas e antiquadas. Por consequência, a marca é cada vez menos relevante, especialmente entre compradores mais jovens e os clientes da concorrência que estariam receptivos a uma mudança de marca. A criação de energia precisa ser priorizada e a visão de marca existente e sua execução podem não estar à altura. O Capítulo 16 analisa a falta de energia nas marcas e também abordagens de energização que funcionam.

MAS uma reformulação completa e o relançamento da marca podem não ser necessários ou mesmo viáveis. Um ampliação relativamente pequena da visão de marca ou sua execução podem criar energia suficiente para fazer a diferença. O problema de energia é mesmo básico e disseminado? Quais são as opções? O problema está na oferta? Se sim, os esforços de marca seriam todos inúteis? No caso de marcas de automóveis que perderam sua relevância e precisam ser refeitas, em geral é preciso um novo modelo mais avançado tecnicamente e funcionalmente. Sem esse ponto de prova, nenhum programa de construção de marca do mundo seria suficiente.

O poder da consistência

A consistência com a mensagem de marca é um elemento encontrado na maioria das marcas fortes, incluindo a Coca-Cola. Joe Tripodi, CMO da Coca, atribui o sucesso da marca à consistência no longo prazo.[1] Ele observa que, fisicamente, o logotipo e a embalagem existem há mais de um século, assim como a filosofia de marca composta de positividade, otimismo e felicidade. Os patrocínios da Coca são eternos. As associações olímpicas remontam à década de 1920, enquanto os patrocínios ao futebol, à decada de 1950. A Coca sempre esteve presente em comemorações, desde festinhas de aniversário a grandes eventos de verão. A marca faz esforços contínuos para ganhar energia e se tornar mais contemporânea, envolvendo o *redesign* da garrafa, novas promoções e até a "Máquina da Felicidade" descrita no Capítulo 12, mas a alma é sempre a mesma e os programas históricos seguem vivos.

A consistência é vitoriosa por diversos motivos. Primeiro, leva algum tempo para que qualquer posição de marca ou programa de construção de marca ganhe força. Pense em marcas bem posicionadas, como Corona, VISA, BMW, Whole Foods Markets, Singapore Airlines ou Muji. Sua consistência durante várias décadas deu resultado, produzindo *brand equities* claros e fortes e bases de clientes fiéis. Conquistar uma nova posição ou reposicionar a atual em um curto espaço de tempo seria difícil, considerando o caos do mercado, por mais inteligente que fosse a execução e maior o orçamento.

Segundo, com o passar do tempo, um programa de marca consistente pode levar a empresa a praticamente ser dona de uma posição. Não é fácil duplicar *brand equities* construídos durante muitos anos. A Subaru domina o segmento de tração 4x4, a VISA é dona do escopo de cobertura e a Charmin é sinônimo de maciez. Os concorrentes são atacados preventivamente e, logo, forçados a procurar outro caminho, em geral um menos eficaz por natureza. O esforço de um concorrente de usurpar a posição da Charmin na dimensão de maciez seria difícil. Pior ainda, os esforços do concorrente de comunicar maciez poderiam ser confundidos com os da Charmin.

Terceiro, toda e qualquer mudança tem o potencial de diluir o que foi construído. Geralmente, os clientes não conseguem ou não estão motivados para acompanhar a mudança e, muitas vezes, ficam ressentidos quando alguma coisa elimina um elemento que lhes era familiar. Pequenas mudanças em logotipos já provocaram rebeliões. Foi o que a GAP descobriu quando precisou abandonar um novo logotipo, considerado mais contemporâneo.

Finalmente, ela tem boa relação custo-benefício. Depois que é criada, é difícil deslocar uma posição forte e relativamente fácil e barato mantê-la, pois você está apenas reforçando o que já existe em vez de tentar abrir um novo espaço. Um evento ou porta-voz alinhado com a marca, firmemente associado a ela, pode oferecer uma declaração fácil de entender, lembrar e ligar à marca. Além disso, não é preciso investir na busca por novas posições e no apoio a novas execuções criativas, um processo caro e de resultados incertos.

A lógica é convincente. A consistência é importante para marcas fortes. É preciso haver um bom motivo, sustentado por boas pesquisas, para alterar uma estratégia de marca ou sua execução. Os estrategistas precisam garantir que o problema real não seja a oferta, uma inovação concorrente ou mudanças do mercado não resolvidas por uma mudança na estratégia de marca ou em sua execução.

Cuidado com preconceitos sobre mudanças

Sem dúvida, o objetivo é criar visões de marca e execuções totalmente eficazes. Essas são características fundamentais das marcas de sucesso. Mas então por que vemos tantos esforços de mudança na gestão de marcas, mesmo quando a motivação é tão fraca? Uma resposta é o preconceito organizacional em favor da mudança, fato que precisa ser compreendido e contra-atacado com análises objetivas e ponderadas.

Os profissionais de gestão de marcas querem fazer mudanças porque é isso que eles foram treinados para fazer e porque mudar simplesmente é mais divertido do que não mudar. Eles são pessoas inteligentes e criativas que operam em uma cultura que enfatiza encontrar e resolver problemas, detectar e responder a tendências no mercado e criar ações de marketing eficazes. Fazer o mesmo que se fez no ano passado é um "porre". Periodicamente, os executivos da Wells Fargo sugerem remover ou atenuar a ênfase no símbolo da diligência. Felizmente para a marca Wells Fargo, esses executivos sempre perderam essa discussão.

Além disso, muitos acreditam que a melhor maneira de avançar profissionalmente é demonstrar brilhantismo no marketing, em vez de implementar da maneira correta uma estratégia desenvolvida por terceiros. Em geral, isso significa uma visão de marca reformulada e uma execução inédita, possivelmente com uma nova agência ou uma estratégia de eventos diferente. O objetivo é tirar a sorte grande, melhorando sua vida profissional e autoimagem no processo.

A equipe de marca tem exposição excessiva à estratégia atual e sua execução. O resultado é que ela fica entediada e até irritada com a estratégia e sua execução e passa a acreditar, incorretamente, que o mesmo vale para os clientes. Rosser Reeves, um gigante da publicidade, disse que se tivesse o segundo melhor anúncio, sempre seria o vencedor, pois a concorrência ficaria entediada e mudaria o seu. Quando lhe perguntaram pelo que sua agência cobrava o cliente, já que estavam sempre veiculando o mesmo comercial de Anacin, ele respondeu que custava muito dinheiro convencer os gerentes do cliente a não mudar o anúncio.

Quem gerencia uma marca está sob pressão para melhorar o desempenho de mercado, pois este quase sempre é inadequado. O crescimento das vendas não está de acordo com o plano e a rentabilidade é sempre um problema, especialmente quando consideramos medidas de retorno sobre os investimentos. Assim, logo se chega à conclusão de que é preciso mudar. Como mudar as operações ou as ofertas pode ser difícil, caro ou até inviável, a estratégia de marca e sua execução se tornam candidatas para mudanças.

Também é possível cair em uma armadilha de aspiração, na qual a equipe de marca realiza uma busca inútil e malsucedida por perfeição e melhorias drásticas de desempenho, quando a probabilidade de se alcançar qualquer uma das duas está muito abaixo do que imaginam. É como a busca pela fonte da juventude: um desperdício compulsivo e inútil de recursos. Pessoas capazes de gerar grandes ideias são raras, e o ambiente de mercado e a oferta com os quais podem realizar todo o seu potencial é mais raro ainda. Além disso, quando um possível vencedor finalmente aparece, ele precisa ser testado com um comprometimento de mercado que é ao mesmo tempo caro e arriscado. Se o resultado não conseguir uma melhoria enorme ou, pior ainda, levar a um fracasso, o prejuízo para a marca pode ser grande.

Em suma

A consistência de marca permite a construção de uma posição eficaz na qual a marca se apropria dessa posição, deixa os clientes confortáveis e leva à eficiência de custo. O objetivo deve ser uma visão de marca clara, atraente e duradoura que motive programas de marca inovadores, inéditos e contemporâneos. Nem todas as marcas têm essa sorte, mas o potencial positivo é óbvio.

Consistência não significa obstinação estratégica quanto à visão ou repetição incansável de uma execução fraca. Existem motivos absolutamente reais para mudar uma estratégia de marca ou sua execução, como estratégias e execuções fracas ou falhas, mudanças de mercado ou estratégia de negócios ou falta de energia. Mas a mudança precisa ser justificada, assim como é preciso identificar e resistir a preconceitos favoráveis a mudanças. Para se proteger contra decisões prematuras ou impróprias de mudança de marca, o argumento em prol da mudança deve ser o mais objetivo e abrangente possível. Ele não deve ficar por conta do instinto de ninguém.

Capítulo 14

Gestão de marcas interna: um ingrediente fundamental

A cultura devora a estratégia.
— **Peter Drucker**

Para testar sua organização, faça duas perguntas aos funcionários: o que sua marca representa? Você se importa? Se a resposta dos funcionários para ambas não for "sim", é quase impossível implementar uma estratégia de negócios com sucesso. O objetivo da gestão de marcas interna é garantir que os funcionários conheçam a visão de marca e, acima de tudo, que se importem de verdade com ela.

Ter uma marca interna forte traz inúmeras vantagens.

Primeiro, uma marca interna clara e irresistível motiva e orienta os funcionários e parceiros. Viver uma marca é algo que envolve uma série de decisões que se tornam mais fáceis com a clareza de marca. Indivíduos e equipes tendem a entender melhor se uma decisão ou programa está alinhado ou não à marca. Por consequência, diminui a tendência de colocar a marca em risco com associações ou programas impróprios.

Segundo, a marca interna também pode inspirar os funcionários a identificar e implementar programas criativos e revolucionários de construção de marca, ou seja, a ir em busca de uma grande ideia. A tendência é sempre deixar que os programas e alocações orçamentárias do passado representem o mapa do futuro. Uma equipe motivada sabe onde a mensagem de marca ou sua execução não está sendo ouvida no mercado e consegue criar programas inovadores que farão a diferença.

Terceiro, uma base de funcionários energizada por uma marca forte estará motivada para conversar sobre a marca com terceiros. Seja o funcionário um vendedor conversando com um comprador de varejo, um consultor que trabalha no ambiente do cliente, o caixa do banco que atende clientes, o engenheiro de uma montadora mandando mensagens para seus seguidores no Twitter ou o executivo de uma marca de eletrodomésticos conversando com o vizinho, isso cria a oportunidade para uma comunicação influente e que tem até o potencial de viralizar. Mas tudo isso exige que o funcionário conheça e se importe com a marca.

Quarto, quando a visão da marca inclui um propósito maior, os funcionários tendem a ver mais significado em seu trabalho e até a se sentir realizados nele. O propósito maior poderia ser, por exemplo, criar produtos "insanamente" bons, melhorar as vidas dos clientes ou promover a sustentabilidade. Ele pode representar um objetivo comum energizante que torna os funcionários mais produtivos e comprometidos.

Quinto, uma estratégia de marca interna ativada pode apoiar a cultura organizacional, que pode alicerçar uma estratégia e sua implementação. Uma cultura contém um conjunto de valores que sustenta suas ofertas. Em geral, a visão de marca contém parte ou todos esses valores, além das dimensões centradas na oferta, então além de apoiar a cultura, ela também pode oferecer um motivo para a sua existência, ligando-a ao cliente e à estratégia de negócios.

A gestão de marca interna é sempre importante, mas há circunstâncias em que ela se torna essencial para o sucesso da empresa, ou até para a sua sobrevivência, como quando uma nova visão de marca é criada porque:

- A ausência de uma visão de marca ou a conclusão de que a existente não era eficaz eram consideradas como afetando a capacidade da estratégia de negócios de ser bem-sucedida.
- Houve uma fusão ou aquisição e duas estratégias, culturas e marcas precisam ser integradas, às vezes às pressas.
- A estratégia de negócios, e talvez a equipe de gestão sênior também, mudou, então a organização precisa ser orientada em uma nova direção.

Em todos esses casos, há ao mesmo tempo uma oportunidade e um desafio. Há uma oportunidade de lançar ou relançar a nova marca interna, com toda a atenção correspondente. O desafio é acertá-la e cumprir a promessa para que a visão de marca não se esvazie.

O processo de dar vida à marca interna começa com duas necessidades fundamentais. Primeiro, é preciso que haja uma visão de marca clara e atraente e que, comprovadamente, possa ser realizada e ter sucesso no mercado. Segundo, é preciso que a alta gerência da organização dê seu apoio a ela. Os executivos precisam acreditar que ter uma marca forte internamente é essencial para o sucesso da estratégia de negócios. Se o CEO e a alta gerência não estão convencidos, o esforço não tem como ir longe. Engajar a alta gerência, envolvendo-a no desenvolvimento da visão de marca ou colocando-a em contato com os clientes para perceber o contexto competitivo, pode ser uma parte necessária do processo.

Comunicando a marca internamente

Como comunicar a marca aos funcionários? Para início de conversa, diferentes segmentos de funcionários, definidos por suas funções organizacionais e níveis de autoridade, precisarão de programas diferentes. Por exemplo, diferentes programas de comunicação serão adequados para os altos executivos, para estar expostos aos clientes ou para atuar como embaixador de marca interno.

Para cada segmento, o programa deve refletir o fato de que os funcionários precisam passar por três estágios diferentes. A primeira fase é "aprender" sobre a visão de marca, o que ela abrange e em que aspectos é diferente das outras marcas. A segunda é "acreditar", ou seja, aceitar a ideia de que a marca pode transformar sua visão em realidade e que essa visão levará ao sucesso. A terceira é "viver" a marca, ficar inspirado e ter autonomia para fazer com que a visão aconteça e se transforme em defensor ferrenho dessa visão interna e externamente.

O caminho de *aprendizagem* pode e deve envolver todos os veículos de comunicação disponíveis, como boletins, oficinas e os esforços pessoais de embaixadores de marca, gerentes sênior, influenciadores e outros. Se cercados pela cultura certa, um *brandbook* e o boletim de marca são ferramentas úteis. Um *brandbook*, impresso ou em vídeo, não é um livro de regras e proibições com relação a fontes (apesar desse livro ter sua função), mas sim uma comunicação informativa e inspiradora, baseada em metáforas e histórias visuais e conceituais que dão textura à visão de marca. Uma maneira de amplificá-lo é integrar o livro a uma intranet usada durante treinamentos ou na realização de apresentações. Um boletim de marca, que estabelece os principais elementos de marca e reúne-os em um formato conveniente, também pode ser uma ferramenta poderosa, especialmente se o CEO o consulta e faz referência a ele com regularidade.

O esforço de aprendizagem deve ir além de comunicar a visão. Ele deve ligar a visão à estratégia de negócios, deixando claro que a visão tem um motivo para existir. Os executivos devem ter uma função crucial no processo, explicando em vídeos, textos ou pessoalmente os "quês e porquês" por trás da estratégia de negócios e a função da visão de marca interna. O esforço de aprendizagem pode ser motivado pelo processo de destacar as lacunas entre a visão de marca aspiracional e a realidade atual. Os executivos também podem apresentar desafios como "a experiência do cliente não está alinhada à marca", "o fluxo de inovações não é adequado" ou "o propósito maior precisa de programas para ganhar força". Se a visão em si concentrar mais atenção do que deveria, a organização corre o risco de provocar um posicionamento de discordância entre o público.

A fase de *acreditar* envolve um conjunto mais abrangente de eventos de comunicação, mas o passo mais importante é dar substância à visão de marca para sinalizar o comprometimento da organização. Dois passos comunicam essa ideia. Primeiro, implemente programas de alta visibilidade para fazer com que a visão de marca e sua estratégia de negócios associada tenham sucesso real. Isso pode significar um programa de capacitação que transforme a cultura, um plano de inovação das ofertas, um programa de publicidade ou um aprimoramento da experiência do cliente, mas o importante é que tenha substância e envolva investimentos.

Um segundo elemento é alinhar a avaliação e a recompensa de pessoas e programas em torno da nova iniciativa. A mensuração e as recompensas determinam comportamentos. Quando a IBM estava passando por uma crise financeira terrível no início da década de 1990 e estava prestes a ser dividida em sete partes, Lou Gerstner chegou com a visão de marca de produzir soluções integradas para os clientes, soluções que envolvessem toda a empresa. Como parte do processo de criar uma cultura de cooperação em uma organização dividida em silos rígidos, a avaliação dos funcionários passou a dar menos ênfase ao desempenho financeiro dos silos e adicionou uma dimensão que refletia a capacidade das pessoas de demonstrar cooperação entre as diversas partes da organização. A medida mandou um sinal forte dentro da empresa.

A fase de *viver*, na qual as pessoas são inspiradas a agir, é a mais difícil e crucial. Ela precisa ir além da comunicação e chegar ao comportamento. Oficinas e seminários têm um papel importante. Os participantes podem ser solicitados a:

- Construir montagens visuais que representam as dimensões de visão de marca.
- Avaliar programas existentes com relação a quanto estão alinhados à marca.
- Descrever um cliente básico em cada segmento em termos de sua personalidade, opções de férias, livros lidos, etc.
- Desenvolver novos programas para fortalecer a marca utilizando técnicas criativas. Por exemplo, considere as "piores ideias" e como elas podem ser modificadas de modo que funcionem. Ou adote pensamento lateral, utilizando, por exemplo, um objeto aleatório, como um martelo, como ponto de partida.
- Questionar o que farão de diferente em seu trabalho no futuro para fortalecer a marca.
- Ensaiar a interação com os clientes.

As forças-tarefa podem ter um papel nesse processo. A Microsoft, por exemplo, tem os "Microsoft Green Teams", que procuram maneiras de promover sua iniciativa "verde" com programas de extensão na comunidade ou programas internos de comunicação. Essas equipes desenvolvem e implementam suas próprias iniciativas e, acima de tudo, envolvem membros importantes da empresa com a visão.

Colocar os funcionários na frente dos clientes pode ser uma maneira de priorizar a visão de marca. A P&G, por exemplo, coloca os executivos em contato com os clientes regularmente, em casa e nas lojas (acompanhando em idas ao mercado ou como participantes no outro lado do balcão). Algumas organizações encorajam seu pessoal a interagir regularmente com os clientes usando o Twitter ou outros mecanismos. Quando um executivo interage diretamente com os clientes e enxerga os problemas em primeira mão, a importância de criar e apoiar uma marca interna ganha visibilidade.

O engajamento dos funcionários pode ocorrer indiretamente. Às vezes, é mais fácil criar engajamento para um grande programa de construção de marca. A Heineken, por exemplo, usou um torneio de pebolim interno para criar entusiasmo por um de seus principais pontos de construção de marca, o patrocínio da UEFA Champions League. Mais de 8.000 funcionários participaram, sendo que 85% deles acreditaram que o jogo representava os valores fundamentais da Heineken. Outra empresa pediu que os funcionários ajudassem a criar uma enorme tapeçaria com imagens que representavam os valores da marca; o resultado ficou exposto em posição proeminente em sua sede.

Organizacionalmente, é preciso ter um defensor da marca, uma pessoa ou equipe responsável pela máquina e disposta a hastear sua bandeira. Essa pessoa deve ser o principal porta-voz interno da marca, comunicando a ideia da marca aos colegas e estimulando-os a encontrar maneiras criativas de comunicar a marca a terceiros. O defensor da marca também deve protegê-la contra abusos e ideias de extensões, *co-branding*, patrocínios e outros programas quando estes não tiverem o alinhamento adequado. O defensor da marca deve criar uma equipe de embaixadores de marca, pessoas que representam a marca em toda a organização. Individualmente, essas pessoas devem ter credibilidade dentro da organização, demonstrar iniciativa e saber envolver os outros.

Uma última observação: será muito mais fácil comunicar e energizar a marca internamente se a visão de marca for utilizada como critério para a seleção e retenção de funcionários. No Capítulo 5, a Zappos.com foi apresentada como uma organização com níveis excepcionais de qualidade de serviço, baseada em valores que incluem produzir experiências "uau!" com uma atitude nada ortodoxa e que até se orgulha de sua esquisitice. A Zappos.com seleciona funcionários que se encaixam nesses valores. Uma de suas perguntas de triagem é pedir que o candidato mencione algo que fez e que considera esquisito. A avaliação durante o período de experiência também envolve verificar se o funcionários se enquadra no valor de ser esquisito, entre outros. A Harrah's é outra organização na qual os valores orientam as decisões sobre contratação. Com o objetivo de contratar indivíduos excepcionalmente animados e positivos, a Harrah's realizou uma audição no estilo "American Idol", incluindo um painel de jurados que selecionou o finalista.

Histórias clássicas

As histórias clássicas, aquelas que representam a alma da marca e sobreviveram por bastante tempo, podem ser extremamente úteis para dar vida à marca no mercado, mas ainda mais internamente, que é seu habitat natural. Em geral, as histórias são veículos poderosos de comunicação e armazenamento de informações. Elas têm o potencial de comunicar mensagens simples e complexas de maneiras envolventes, memoráveis e autênticas.

Um tipo de história reflete a tradição da empresa e conta uma narrativa autêntica e poderosa sobre o valor de marca. Em 1912, Leon Leonwood Bean, frustrado com o fato de que ficava com os pés úmidos quando saía para caçar, desenvolveu uma bota com solas de borracha à prova d'água e cabedal de couro leve. As botas funcionaram tão bem que ele as colocou à venda. Quando os primeiros cem pares vendidos pelo correio tiveram um problema com a costura, a L.L. Bean reembolsou o dinheiro dos clientes e começou de novo, uma decisão que criou a lendária "Garantia de 100% de Satisfação" da empresa e uma tradição de qualidade e honestidade. Os pioneiros da Williams-Sonoma, Chuck Williams e Howard Lester, tinham uma visão de marca clara e bem-articulada sobre o que ela deveria representar desde o princípio: conhecimento sobre culinária, cozinheiros dedicados, produtos funcionais, ofertas que são as melhores na categoria, estilo que reflete bom gosto e inovação na recepção de convidados. Essa cultura orienta a Williams-Sonoma desde então.

As histórias também podem se basear em decisões ou ações excepcionais dos funcionários ou em experiências extraordinárias dos clientes que dão sentimentos e metas à marca. A história famosa de como um funcionário da Nordstrom no Alaska aceitou um pneu usado, apesar de a loja jamais ter vendido pneus (mas a loja da Nordstrom ocupava o espaço de uma antiga loja de pneus) mostra como a política de devoluções da Nordstrom e seu foco no cliente movem a marca. A Johnson & Johnson demonstrou suas prioridades quando reagiu ao escândalo do Tylenol envenenado tirando seus produtos das lojas e criando uma nova embalagem, o que indicou claramente que sua reputação de confiança e segurança eram muito mais importantes do que o custo de um *recall*.

Capítulo 14 Gestão de marcas interna: um ingrediente fundamental

Manter a inovação e a vitalidade do produto vivas internamente é uma necessidade crucial na maioria das empresas. As histórias sobre como novos produtos levaram a grandes plataformas de negócios demonstram o estilo inovador e os fatores por trás das organizações. A Patagonia, construída por alpinistas, reagiu à observação de que seu produto principal, estacas de aço reutilizáveis usados para prender cordas em escalada, prejudicava a superfície da rocha. A empresa inventou um produto para substituí-lo: cunhas de alumínio que podiam ser colocadas e removidas manualmente, sem o uso de um martelo. Isso levou sua estratégia de negócios e marca a uma nova direção. A história de como a propriedade "flutuante" do sabonete Ivory foi "inventada" por um erro de produto mostra que a P&G sabe reconhecer e aproveitar novas oportunidades de produtos. O conceito do Post-it se deve a um engenheiro da 3M que precisava de um marcador de página que não caísse no chão enquanto cantava no coro da igreja e percebeu que havia uma utilidade para um adesivo inferior. A lição da 3M é que quando uma inovação não cumpre o seu objetivo, mudar o objetivo pode resultar em um novo caminho produtivo.

Também é útil estabelecer um fluxo de histórias contemporâneas para manter a marca jovem. Empresas que perderam o fundador, mudaram de estratégia ou passaram por uma fusão podem não ter uma história tradicional. Nesse caso, as histórias clássicas precisarão ser descobertas ou criadas. Além disso, como uma história pode ser útil em diversos contextos diferentes, vale a pena estabelecer um banco de dados de histórias.

A experiência da Mobil, atual Exxon-Mobil, é instrutiva. Em parte para identificar modelos de conduta internos, a Mobil criou um concurso entre os funcionários para identificar os programas e atividades que melhor representavam o estilo Mobil de liderança, parceria e confiança. O vencedor estaria presente em um evento patrocinado pela Mobil, como as 500 Milhas de Indianápolis, e receberia status especial. O concurso recebeu mais de 300 inscrições e envolveu muito mais gente com a visão de marca, em um processo que abrangeu toda a organização. Um subproduto útil foi o conjunto de modelos de conduta que seriam utilizados para desenvolver a visão de marca com profundidade e sentimento e que se tornaria uma fonte de histórias clássicas no futuro.

Um desafio importante é manter as histórias clássicas vivas e visíveis. Uma maneira é criar um espaço para a história ou tradição da empresa em sua intranet e no site da marca. Outra é representar as principais histórias com símbolos. A L.L. Bean tem uma estátua gigante da primeira bota. A HP tem a garagem em Palo Alto onde Bill Hewett e David Packard fundaram a empresa, além de um museu virtual que mostra seus primeiros produtos, incluindo seu primeiro oscilador. Outra é ter um evento ou forma de reconhecimento ligado à história.

As marcas externas e internas

Há uma relação entre a gestão de marca externa e a interna. Os dois esforços de gestão de marca reforçam um ao outro. Se os dois forem coordenados, com os elementos comuns claramente especificados, melhor. Às vezes eles podem ser idênticos, o que facilita a sinergia.

A marca externa, muitas vezes com um orçamento grande e programas de comunicação criativos, será vista pelos funcionários. O esforço de marca externa "Friendly Skies" ("Céus Amigáveis") da United Airlines pretendia influenciar seus funcionários, dando visibilidade a sua promessa de marca e mostrando como os clientes são afetados quando a promessa é cumprida.

A marca interna determinará os esforços que influenciam a marca externa. Ela pode ser mais aspiracional do que a marca externa, contendo dimensões que a organização busca concretizar, mas que ainda não tem a capacidade de transformar em realidade. Pode ser necessário criar uma dimensão aspiracional, mudar a cultura, desenvolver novos ativos ou modificar a oferta. A inclusão de elementos aspiracionais pode inspirar e guiar os funcionários em direção a uma busca ativa produção e surgimento deles. Na construção de marca externa, esses elementos aspiracionais podem ter que ficar em segundo plano até que a marca possa cumprir sua promessa.

Em um estudo envolvendo as quinhentas maiores empresas da Suécia, aquelas que enfatizavam a visão de marca interna e externamente eram significativamente mais rentáveis (14,4%) do que aquelas que a utilizavam principalmente para alimentar a cultura internamente (11,3%), aquelas que consideravam a marca principalmente uma ferramenta para promover uma oferta externamente (9,6%) e aquelas que viam a visão de marca com cinismo (8%).[1]

Em suma

As marcas poderosas são construídas de dentro para fora. Para criar uma marca forte no mercado, funcionários e parceiros precisam conhecer a visão de marca e se importar com sua concretização. Uma marca interna clara e motivante fornece a orientação e motivação necessárias para criar programas que levarão a marca adiante e evitar programas que confundem ou contrariam a promessa. Criar uma marca interna forte envolve três fases ("aprender", "acreditar" e "viver" a marca), direcionadas a participantes com funções cruciais, como altos executivos, funcionários que interagem com clientes e embaixadores de marca internos. Também é preciso reunir e alavancar histórias clássicas que apoiam a marca de formas autênticas e cheias de vida.

Parte IV

Mantenha a relevância

Capítulo 15

Três ameaças à relevância de marca

Chapeuzinho Vermelho, após uma trilha na floresta ser alterada por um gigante e seu companheiro sugerir outro caminho: "Minha mãe me avisou para nunca desviar da trilha". Companheiro: "A trilha desviou de você".
— **Stephen Sondheim,** *Into the Woods*

A marca deve tentar crescer, vencer, até dominar. Mas ela também deve tentar evitar a derrota que ocorre quando se torna irrelevante. O perigo para a maioria das marcas é que segmentos importantes e crescentes de clientes deixarão de considerá-la uma opção aceitável.[1]

A marca pode perder relevância de três maneiras diferentes:

- A subcategoria (ou categoria) à qual a marca pertence está em declínio ou mudando.
- Surgiu um motivo para não comprar.
- A marca está perdendo energia e visibilidade.

A subcategoria está em declínio

Uma ameaça importante nos mercados dinâmicos ocorre quando os clientes não compram mais aquilo que acreditam que a marca produz. Novas subcategorias (ou categorias) começam a surgir à medida que as inovações dos clientes criam "itens obrigatórios". Ou novas tendências, como a alimentação saudável, estimulam algumas subcategorias e penalizam outras.

Se um grupo de clientes quer sedãs híbridos em vez de utilitários esportivos, não importa o quanto as pessoas respeitam o seu utilitário esportivo. Talvez elas ainda respeitem a sua marca de utilitário esportivo, acreditando que ela tem a melhor qualidade e valor do mercado. Talvez até amem o produto e o recomendem a qualquer amigo interessado em comprar um utilitário esportivo. Se um dia quisessem comprar outro utilitário esportivo, comprariam o seu. Mas a sua marca não será relevante para o comprador de sedãs híbridos porque ele está em outra situação. Esse fato pode ser verdade mesmo que sua marca também fabrique sedãs híbridos, pois ela não tem visibilidade ou credibilidade entre os híbridos.

Esse tipo de perda de relevância é muito traiçoeiro, em parte porque pode acontecer gradualmente. Além disso, ela pode ocorrer mesmo quando a marca é forte, os clientes são fiéis e a oferta, beneficiando-se de inovações incrementais, nunca foi melhor. A ironia é que uma fonte de força para a marca pode se tornar um risco para sua relevância quando o mercado muda. Lembre-se da análise sobre o mercado japonês de cervejas no Capítulo 7: em 1986, a Asahi lançou a Asahi Super Dry e tirou mais de 10% da participação de mercado da Kirin Lager em pouco tempo, quando a Kirin, rei das cervejas *lager* no Japão, tivera participação de 60% por quase 25 anos. Por causa da reputação de *lager* da Kirin, foi impossível se opor à mudança com uma cerveja Kirin Dry, pois a marca simplesmente não tinha credibilidade.

Não há tragédia maior do que ser brilhante na criação de diferenciação, sair-se vitorioso na batalha por preferência do "minha marca é melhor do que a sua" e criar energia e visibilidade de marca apenas para descobrir que o esforço foi por água abaixo devido a um problema de relevância. Pense na empresa de orelhões que controlava os melhores locais. Ou no jornal com a melhor equipe editorial. Pressupor que a fraqueza da marca é uma questão de preferência de marca pode levar a iniciativas equivocadas, que desperdiçam recursos sem enfrentar o que está acontecendo de verdade.

Existem cinco estratégias de resposta que as marcas podem usar quando correm o risco de perder sua relevância na subcategoria porque aquilo que o cliente compra está mudando.

Conquistar paridade

O objetivo é criar uma alternativa para um "item obrigatório" do concorrente que tenha desempenho próximo o suficiente para que a marca não seja mais excluída. A McDonald's, enfrentando a ameaça da Starbucks no café da manhã e no lanche, lançou a linha McCafé, criando um ponto de paridade com a rival em relação à qualidade do café. O resultado foi próximo o suficiente da Starbucks para a McDonald's não ser mais excluída da consideração dos clientes.

Um desafio da busca por igualdade é que a marca pode ser vista como sem credibilidade na nova área. Outra é que pode ser difícil produzir igualdade, dado o fato de que cultura, ativos e habilidades da empresa não foram desenvolvidos de modo a apoiar essa iniciativa.

Superar a inovação

Em vez de ficar satisfeita com um produto de paridade, a empresa pode tentar assumir o controle da nova categoria ou subcategoria, ou, pelo menos, se tornar uma figura significativa com uma inovação substancial ou transformacional que supera o concorrente. A Nike, com seus tênis Nike+ e iPod Sensor, permite que o corredor ouça música e registre cada treinamento. O Adidas miCoach supera a Nike, com recursos como o Coach Circle (liga você a seu treinador), o SMART RUN (um treinador no seu pulso) e as Support Discussions (você obtém respostas para perguntas sobre treinamento). Mais de uma vez, a Cisco utilizou aquisições para preencher uma lacuna em sua linha de produtos, o que também agrega benefícios de sinergia e sistêmicos com seus produtos existentes e leva à superação da concorrência.

A estratégia de superação muitas vezes exige uma inovação significativa ou transformacional, o que não é fácil de realizar. Além disso, estabelecer-se em um mercado no qual um concorrente provavelmente possui escala e energia será difícil, até mesmo para uma inovação que é impressionante.

Reposicionar

Modifique e reposicione a marca para que sua proposição de valor se torne mais relevante dada a dinâmica do mercado. A L.L. Bean, alicerçada em uma tradição de caça, pescaria e acampamento, reposicionou-se para ser uma empresa mais ampla, dedicada à vida ao ar livre e relevante para os interesses de fãs dessas atividades, como praticantes de caminhadas, bicicleta de montanha, esqui e esportes aquáticos. A natureza ainda era tratada com a mesma ideia de reverência, respeito e aventura, mas de uma perspectiva diferente.

O desafio é ter substância suficiente para conquistar credibilidade na nova posição e implementar a estratégia de renovação da marca igualmente bem. A L.L. Bean precisou viver a nova posição e oferecer benefícios relevantes.

Fazer o que você sabe fazer

Em vez de se adaptar, siga executando a mesma estratégia, com a mesma proposição de valor, mas apenas melhor. Como observado no Capítulo 13, a lâmina de barbear foi ameaçada pelo barbeador elétrico e seus benefícios na década de 1930, mas o fluxo incrível de inovações da Gillette permitiu que o produto rechaçasse a nova categoria e tivesse índices saudáveis de crescimento. A In-N--Out Burger, uma rede de *fast food* no Oeste dos Estados Unidos que desenvolveu clientes superfiéis com seu menu de hambúrguer, batata frita e milk-shake, não fez nenhum esforço para se ajustar à tendência de alimentação saudável. Ela simplesmente continua a oferecer o mesmo cardápio, sem meio-termos com relação a qualidade, consistência e qualidade do serviço, trabalhando com a ideia de que um segmento valioso ignorou a tendência saudável e que outro gosta de fugir da dieta de de tempos em tempos.

O risco é que a nova categoria ou subcategoria pode se basear em uma tendência tão forte, ou um conjunto tão irresistível de benefícios, que evitá-la pode se revelar inútil ou até desastroso.

Desinvestir ou sair

Se nenhuma das quatro primeiras estratégias de resposta parece atraente ou é viável, a única alternativa é desinvestir: parar de injetar recursos no negócio, começar a retirá-los, ou sair. Essa estratégia envolve parar de investir em um produto decadente e deslocar os investimentos para um produto em ascensão. A Procter & Gamble abandonou a maioria de seus negócios de alimentos, por exemplo e investiu em cosméticos e cuidado da pele, ramos em que o crescimento e as margens são melhores. A GE investiu em uma série de negócios de energia renovável, investiu na área médica e desinvestiu ou saiu de vários outros setores mais maduros. O ato de desinvestir ou sair de um negócio é extremamente doloroso, mas também uma parte essencial da capacidade da empresa de lidar com mercados dinâmicos.

O risco da decisão de desinvestimento é que a tendência pode se desacelerar, estabilizar ou até inverter e o mercado pode voltar a ser atraente depois que a marca perdeu a capacidade de atuar nele com alguma força. Projetar o futuro não é fácil. No final da década de 1960, havia dezenas de artigos e reportagens detalhando por que a "sociedade sem cheques" estava prestes a surgir e por que que as empresas precisavam se ajustar a esse "fato". Mas o uso de cheques aumentou durante as duas décadas seguintes, estabilizou-se no início dos anos noventa e só começou a despencar de fato lá por 2004. Mesmo em 2010, ainda havia mais transações com cheques do que com cartões de crédito. Como disse Yogi Berra, "o futuro não é mais o mesmo".

Selecione a resposta certa

A seleção da resposta ideal dependerá do contexto, mas também envolverá duas perguntas difíceis: qual é o tamanho da ameaça à relevância e sua tendência de apoio? Na avaliação realista da empresa, qual é a sua capacidade de conquistar igualdade, superar a concorrência ou se reposicionar? Ela conseguirá inovar, agregar as habilidades necessárias e ser bem-sucedida no mercado?

Uma associação negativa de marca se tornou um "motivo para não comprar"

A perda de relevância também pode ocorrer quando uma associação negativa de marca, como um problema de qualidade ou uma ação, política ou programa rejeitado por um segmento significativo do mercado, transforma-se em "motivo para não comprar". Em uma ocasião, a Perrier enfrentou um problema de contaminação de água que prejudicava os fundamentos absolutos de seu *brand equity* e afetou negativamente sua imagem e distribuição. Alguns consumidores evitam a Nike porque acreditam que suas fábricas exploram trabalhadores estrangeiros. Um boicote à Nestlé, causado pela percepção de que a empresa promovia excessivamente a fórmula infantil como substituto para o leite materno, pois poderia levar a problemas de saúde e até à morte de bebês sem acesso à água potável, afeta a empresa há mais de três décadas. Mesmo características secundárias do produto podem ser importantes. Alguns consumidores, por exemplo, não compram algumas marcas de automóvel alemãs porque os carros não têm porta-copos.

As organizações podem adotar duas abordagens gerais para lidar com a relevância de "motivo para não comprar": (1) resolver os problemas, enfrentando-os diretamente; e (2) mudar o assunto.

Remover as associações negativas

No mercado americano da virada do século XXI, a Hyundai lutava contra a percepção de que os carros coreanos tinham baixa qualidade e de que sua marca era chata. O resultado é que a Hyundai enfrentava dois conjuntos de "motivos para não comprar".

Os programas iniciados em 1998 criaram carros projetados e fabricados com altos níveis de qualidade; em 2004, a marca saiu do fim da lista J.D. Powers Initial Quality Study e foi quase à primeira posição. Apesar da mudança na qualidade real dos produtos, a percepção persistiu até que a Hyundai criou uma história irresistível sobre mudança de qualidade. Uma garantia poderosa, levando a marca Hyundai Advantage, foi a primeira garantia de 10 anos e de 160.000 quilômetros para trem de força do setor e era vendida como "A Melhor Garantia da América". A Hyundai Advantage contava a história de qualidade de forma gráfica. O ganho de visibilidade foi incrível. A imagem de qualidade da marca deu um salto após o lançamento do Hyundai Genesis, concorrente do Lexus, que ganhou o prêmio de Carro do Ano no Detroit Auto Show. Uma campanha de publicidade bem executada no Super Bowl, Copa do Mundo e outros eventos de alto prestígio apoiaram o esforço.

A fama de "chata" se baseava no fato de ser uma seguidora e de ter *designs* pouco inspirados, sem nada que a distinguisse. Dois programas combateram essa imagem. Um foi o Hyundai Assurance, criado durante a crise financeira de 2008, no qual a empresa prometia recomprar qualquer carro caso o cliente ficasse desempregado. O programa foi considerado uma resposta criativa e simpática às incertezas econômicas que afetavam os Estados Unidos. Outro foi uma abordagem de *design* visível, batizada de "Escultura Fluídica", que produzia carros com designs tão bonitos que o design de automóveis da Hyundai passou de desvantagem a ativo da empresa.

Ao remover as associações negativas, a Hyundai saiu do nada para capturar cerca de 5% do mercado americano de automóveis. Mais incrível ainda, seu nível de relevância aumentou a ponto de cerca de 30% do público comprador de automóveis afirmar que consideraria um produto da Hyundai.

Mudar o assunto

Atacar uma associação negativa diretamente, para provar que ele não existe mais ou nunca existiu, é tentador. Contudo, o esforço pode servir apenas para lembrar o público sobre o problema e a falta de credibilidade da empresa nessa área. Pode ser muito mais eficaz mudar o assunto, criando outra perspectiva para que os aspectos negativos não sejam automaticamente o foco da discussão e o aspecto mais lembrado da marca.

Em 2005, a Walmart foi boicotada por 8% da população e tinha uma imagem desfavorável para outra parcela. Esses segmentos rejeitavam a marca por acreditarem que ela maltratava funcionários e fornecedores, por causa de seu enorme programa de compra de fornecedores chineses e porque supostamente ela tentava destruir os pequenos varejistas. A Walmart descobriu que enfrentar essas ideias de frente só piorava a situação, pois a tática aumentava sua visibilidade. O esforço de mudar o assunto da conversa teve mais sucesso.

Tudo começou com uma viagem de acampamento em 2004, quando Rob Walton, diretor da empresa, recebeu o desafio de se tornar líder em programas ambientais. O resultado foi uma grande iniciativa de sustentabilidade corporativa que envolvia funcionários, caminhões, lojas, armazéns, fornecedores, comunidades e clientes. Quatorze equipes, compostas de executivos da Walmart, fornecedores, grupos ambientais e membros de agências regulatórias, foram formados para trabalhar na questão da sustentabilidade em áreas como operações das lojas, logística, embalagens e uso de produtos florestais. Os fornecedores com produtos ou embalagens ambientalmente corretos, desde pescadores de salmão no Alasca até a Unilever (cujo detergente compacto usa menos espaço e material de embalagem do que outros produtos semelhantes) receberam a preferência e, mais do que isso, o apoio da rede.

O resultado foi uma redução de energia significativa em nível nacional e uma queda surpreendente nos custos. Além disso, os clientes valorizaram a maior presença em alimentos orgânicos e até vestuário feito de algodão orgânico nas lojas. Um programa que começou com a motivação de fazer a coisa certa se revelou um investimento extremamente lucrativo.

Quanto à questão da relevância, o programa fez a marca dar um salto na dimensão da responsabilidade social, em parte devido à história por trás do programa e em parte devido aos resultados, e ambos chamaram bastante atenção.[2] É difícil pensar em um resumo melhor das percepções sobre a Walmart do que um artigo chamado "Está Difícil Odiar a Walmart Ultimamente".[3] O diálogo em torno da marca Walmart fora afetado. Concentrar-se nos aspectos negativos não era mais a única alternativa. O desafio de relevância da Walmart ainda não acabou, mas ficou muito mais fácil. Além disso, a trajetória é positiva, uma mudança impressionante em relação à posição inicial da empresa poucos anos antes.

Jogar na defesa pode dar certo

A tendência de todos os gerentes é tentar melhorar a oferta, ou seja, agregar elementos positivos. Pode ser mais produtivo enfrentar os aspectos negativos para tornar a marca relevante para um grupo maior. Entretanto, não basta apenas atacar os aspectos negativos funcionalmente; é preciso encontrar uma maneira de se comunicar com credibilidade com um grupo que pode ter colocado a marca no cemitério (marcas conhecidas que são "esquecidas" no momento da decisão de compra), um ponto em que a mensagem não é transmitida. A história precisa ser contada, e, nesse esforço, pode ser útil ter uma marca como a Escultura Fluídica ou um programa de alta visibilidade como a iniciativa ambiental da Walmart.

A marca perdeu energia

A perda de energia de marca é a terceira ameaça à relevância. A energia é crucial para a relevância porque ela cria visibilidade, e ser relevante exige que a marca seja lembrada no momento certo. Uma marca que perde energia e, logo, visibilidade acaba se perdendo no caos e deixa de ser relevante. Uma marca sem energia também pode ser vista como desgastada, antiquada ou insossa, o que significa que não é mais aceitável.

O próximo capítulo discutirá três abordagens para injetar energia em uma marca: criar nova vitalidade da oferta, energizar os programas de marketing e descobrir ou desenvolver um energizador de marca ao qual a marca-alvo pode ser ligada.

Em suma

A vitória é uma grande situação, mas evitar a perda de relevância entre uma parcela importante do mercado pode ser igualmente produtivo. Manter a relevância costuma ser mais fácil e ter melhor relação custo-benefício do que depender de grandes vitórias, além de preparar o caminho para estratégias de vitória futuras.

As marcas podem perder relevância de três maneiras diferentes. O declínio da subcategoria pode ser trabalhado pela obtenção de paridade em uma dimensão deficiente, a superação da concorrência, o reposicionamento da marca, a aplicação da estratégia de fazer o que sabe fazer, o desinvestimento ou a saída. Um "motivo para não comprar" pode ser neutralizado pelo "cancelamento de associações negativas" ou por uma mudança de assunto. A terceira ameaça é a perda de energia, que será analisada no próximo capítulo.

O desafio é estar ciente dessas ameaças à relevância e atento a suas flutuações. As ameaças podem ser enfrentadas, mas apenas se forem identificadas e entendidas. Assim como o combate a uma doença grave, quanto mais cedo você detectar um problema de relevância emergente, mais fácil será desenvolver um tratamento eficaz. A detecção nem sempre é fácil. É preciso ter capacidade de pesquisa de mercado, habilidade de extrair *insights* dos dados e uma equipe estrategicamente atenta a mudanças no mercado e pontos fracos emergentes da marca.

Capítulo 16

Energize sua marca!

Um relacionamento, eu acho, é como um tubarão. Tem que sempre seguir em frente ou então morre. E acho que o que temos nas nossas mãos é um tubarão morto.
— **Woody Allen, *Noivo Neurótico, Noiva Nervosa***

A menos que sua marca seja uma das exceções, ela precisa de energia! Ela precisa ter pelo menos uma das seguintes características:

- **Interessante/Empolgante**. Há um motivo para falar sobre a marca. (Ex.: AXE, NASCAR, Pixar, Red Bull, FedEx Cup.)
- **Envolvente/Engajante**. As pessoas estão engajadas com a marca; ela pode ser parte de uma atividade ou estilo de vida valorizado. (Ex.: LEGO, Disney, Starbucks, Google, Amazon.)
- **Inovadora/Dinâmica**. A marca demonstrou capacidade de criar inovações que são "itens revolucionários" e que definem novas subcategorias ou então apresentou um fluxo de inovações incrementais, mas de alta visibilidade. (Ex.: Apple, Virgin, GE, 3M.)
- **Passional/Movida por um Propósito**. A marca comunica um propósito maior que cria paixões. (Ex.: Whole Foods Market, Patagonia, MUJI, Method, Ben & Jerry's, Kashi.)

Uma marca com energia insuficiente corre três riscos. Primeiro, ela não tem visibilidade, então é menos provável que seja considerada, condição necessária para ser relevante. Segundo, a perda de energia pode levar a marca a ser considerada insossa, cansada, antiquada e desatualizada. A marca não se encaixa mais na autoimagem ou estilo de vida do cliente, tem benefícios sociais ou autoexpressão negativos e saiu de moda. Terceiro, a perda de energia de marca pode levar a perdas em elementos de imagem cruciais. A realidade dessas perdas é sustentada por um conjunto de evidências perturbadoras.

O banco de dados Brand Asset Valuator (BAV) da Y&R inclui mais de 40.000 marcas, medidas em mais de 75 métricas e em mais de 50 países, desde 1993. O livro *A bolha das marcas*, de John Gerzema e Ed Lebar, mostra que, segundo o banco de dados BAV, os *brand equities*, mensurados em termos de confiança, estima, percepção de qualidade e consciência, sofrem quedas fortes há alguns anos.[1] Por exemplo, em um período de dez a doze anos a partir de meados da década de 1990, a confiança caiu quase 50%, a estima 12%, as percepções de qualidade de marca 24% e, o mais incrível, até a consciência caiu 24%. A queda não se reverteu depois da realização dessa análise, e, em alguns casos, até se acelerou.

As exceções a esse declínio foram as marcas com energia. Em geral, além de resistir a perdas de imagem, elas também preservaram sua capacidade de promover o desempenho financeiro. Pesquisas indicam que o aumento da energia de marca tende a aumentar o uso e a preferência pela marca. O esforço de modelagem do BAV realizado por Bob Jacobson e Natalie Mizik, das universidades de Washington e Columbia, respectivamente, mostra que, para marcas com altos níveis de energia, o aumento da energia e da atitude determinam o retorno sobre as ações (com base em uma análise de marcas como GE e IBM, que representam uma parcela significativa das vendas de uma empresa).[2] Na verdade, a equipe do BAV redefiniu a diferenciação, batizando o conceito de "diferenciação energizada". Sem energia, o impacto da diferenciação acaba ficando comprometido.

Como energizar uma marca? Todas as marcas deveriam explorar três caminhos: aumentar a vitalidade da nova oferta, energizar o marketing e encontrar ou criar um energizador de marca.

Vitalidade da nova oferta

Uma maneira de manter a energia da marca é por meio da inovação da oferta. Dove, GE, Samsung e Columbia Sportswear, entre outras, têm um fluxo contínuo de inovações de suas ofertas que criam interesse, visibilidade e energia.

Agregar ou intensificar a energia de uma marca saudável já é desafiador, mas reenergizar marcas cansadas e que assistiram sua energia se esvair é mais difícil ainda. Nessas circunstâncias, uma inovação de produto ou serviço significativa pode ser crucial. Quando a marca está em uma categoria para a qual os clientes recebem benefícios sociais e de autoexpressão, uma inovação significativa da oferta, capaz de afirmar com credibilidade que a marca está diferente de alguma maneira, pode se tornar um item obrigatório. Sem essa oferta e sua afirmação, não adianta nada a marca se declarar diferente.

A Cadillac revitalizou sua marca com melhorias de qualidade e ações de marketing, mas um ingrediente crucial foi um novo e premiado automóvel, o CTS. O carro não foi uma inovação isolada: ele estava ligado ao prestígio histórico da marca, que caíra na irrelevância com o passar dos anos. Alavancar a tradição da marca, mas ainda encontrando maneiras de torná-la contemporânea, pode ser o segredo de uma revitalização. Mas a verdade é que, por mais difícil que seja revitalizar uma marca desgastada, isso geralmente é mais fácil do que criar uma nova. No caso da Cadillac, entretanto, a revitalização não teria sido possível sem um ponto de prova concreto, a saber, o novo modelo.

Energize o marketing

Inovar a oferta de forma visível e inovadora pode ser um fato raro para a maioria das marcas. Além disso, em algumas categorias de produtos, como cachorros-quente ou seguros, que são maduras e/ou enfadonhas, a vitalidade de um novo produto não é uma fonte prática de energia para a marca. Assim, em muitos contextos, criar programas de marketing espetaculares se torna uma alternativa mais acessível para a energização da marca do que inovar a oferta. A seguir, apresentamos alguns exemplos de programas.

- **Uma promoção envolvente.** A Denny's distribuiu mais de 2 milhões de Grand Slam Breakfasts de graça em um só dia, graças a um comercial durante o Super Bowl e ao alvoroço na Internet. A oferta de cafés da manhã de graça superou as expectativas.
- **Publicidade irresistível.** Os anúncios da Old Spice apresentam Isaiah Mustafa, ex-jogador da NFL, ator e dono de um corpaço, dizendo às mulheres que ele é "o homem com o cheiro que seu homem poderia ter". O anúncio original foi visualizado 44 milhões de vezes online em dois anos, energizando a Old Spice e elevando a marca a uma posição de liderança, acima da esportiva Right Guard e da sexy AXE.
- **Entre no varejo.** A Apple Store é uma parte importante do sucesso dos produtos e da marca Apple, pois tem energia e está alinhada à marca. Nike, Panasonic e Sony também têm lojas próprias que servem para apresentar sua marca e história de produto de um modo sedutor e integrado.
- **Um propósito mais elevado.** Um "propósito maior" pode energizar funcionários e clientes, como explicamos no Capítulo 5 com casos como o da

Crayopla, que pretende ajudar pais e mestres a educar crianças inspiradas e criativas; o sonho da Apple de fabricar produtos geniais; e o programa de "redução, reparo, reutilização e reciclagem" da Patagonia.
- **Um vídeo viral**. Como descrito no Capítulo 12, a DC Shoes utilizou um motorista especializado para criar vídeos virais e a Coca aumentou sua energia com o vídeo "Happiness Machine" ("Máquina da Felicidade").

Das quatro dimensões de energia de marca, a mais acessível e mais poderosa para muitas marcas é a dimensão Envolvente/Engajante, ativada por programas como um site de referência com uma comunidade ativa de usuários. Como observado no Capítulo 11, o segredo para ser vitorioso nessa dimensão é se concentrar no *sweet spot* do cliente: interesses e atividades que são uma parte importante de sua identidade, valores e estilo de vida. Pense no site mayoclinic.com, onde mais de 3.000 médicos e cientistas da Mayo Clinic publicam informações médicas atualizadas sobre doenças, sintomas, medicamentos, suplementos, testes e saúde em geral. Ou considere o site da Nature Valley Trail View, onde é possível visualizar excelentes trilhas de caminhada em quatro parques nacionais americanos a partir da perspectiva de um visitante.

Encontre ou crie um energizador de marca

Uma terceira opção para criar energia de marca é desenvolver ou criar um energizador de marca, algo que tenha energia em si, e ligar sua marca a ele. Existem dois tipos de energizador: o interno apropriável e o externo.

Energizador de marca interno apropriável

Um energizador de marca interno apropriável é um produto, promoção, patrocínio, símbolo, programa ou outra entidade com marca própria que, por associação, fortalece e energiza significativamente uma marca-alvo e é desenvolvido e possuído pela organização.

Diversos exemplos de energizadores de marca motivados por pontos certos do cliente foram introduzidos no Capítulo 11. Um deles foi o Oscar Mayer Wienermoble, os oito veículos em formato de cachorro-quente que visitam eventos infantis e apoiaram o concurso de jingles da Oscar Mayer. Outro foi a Caminhada Contra o Câncer de Mama da Avon, que fornece uma energia que a empresa de cosméticos não conseguiria obter com sua oferta. Outros ainda envolvem sites como o Pampers Village ou o BeautyTalk.

Um energizador de marca interno pode ser um símbolo ou um indivíduo. Símbolos como o pato da AFLAC, Betty Crocker e o Michelin Man dão visibilidade enorme a suas marcas ao mesmo tempo que destacam atributos relevantes. Richard Branson, fundador e CEO da Virgin, com seus feitos mirabolantes (alguns dos quais envolvem balões de ar quente) tornou-se uma parte fundamental da energia e personalidade da marca Virgin.

Energizador de marca externo

Criar e se apropriar de um energizador de marca interno que influencia os segmentos-alvo e energiza e fortalece a marca é um processo caro e difícil. Ele pode demorar anos para ganhar força, quando a ação pode ter apenas meses para funcionar. Na verdade, ele pode não ser viável em um mercado no qual os concorrentes têm suas próprias marcas fortes e energizadores ativos. Uma alternativa é desenvolver um "energizador de marca externo", usando uma marca que pertence a outra organização. Basicamente, você encontra uma marca existente que já tenha energia e liga sua própria marca a ela.

É praticamente infinito o número de marcas externas à organização que têm o potencial de energizá-la e melhorá-la e que também têm força enorme, não estão presas a concorrentes e podem ser ligadas à marca-alvo. Com disciplina e criatividade, sempre é possível identificar um candidato. O desafio é criar e gerenciar a aliança de marcas resultante. Um energizador de marca externo terá diversos recursos, mas os patrocínios estarão entre os mais importantes.

O patrocínio certo, quando bem utilizado, pode energizar e até transformar uma marca, agregando um propósito maior significativo. A Home Depot, por exemplo, patrocina a Habitat for Humanity, como descrito no Capítulo 11. A FedEx ganhou muita energia patrocinando a FedEx Cup, o campeonato mundial de golfe que culmina em quatro torneios, o último dos quais reúne apenas os trinta melhores golfistas, competindo por um prêmio de 10 milhões de dólares para o campeão. A Valvoline, marca supertradicional de óleo lubrificante, conquista envolvimento e um interesse compartilhado de muita visibilidade com seu patrocínio da NASCAR, apoiada por um site criativo e envolvente.

Outro caminho é usar um patrocinado ou garoto-propaganda, uma personalidade que seja contemporânea, visível, alinhada à marca, energética, autêntica e presente na mídia. Pense no que LeBron James proporciona à Nike, mas também à Coca-Cola, Samsung, State Farm e McDonald's. Um patrocinador também pode ser um símbolo, como os personagens da Turma do Minduim, adaptados pela MetLife em 1985, ou a Pantera Cor-de-Rosa, usada pela Owens Corning, uma empresa de isolamento térmico, antes dela. Esses símbolos fornecem energia e visibilidade a uma marca presa em uma classe de produtos considerada enfadonha.

Algumas diretrizes sobre energizadores de marca

Um energizador de marca tem mais chance de sucesso se possuir os seguintes atributos:

- **Energia própria.** Uma marca energizadora precisa ter sua própria energia. Por melhor que seja a adaptação e mais inteligente a execução, se o energizador não tiver sua própria energia, o investimento será inútil. Além disso, a energia do energizador não pode ser transitória, mas sim um elemento que tende a aumentar, ou pelo menos ser preservado, com o passar do tempo.
- **Conexão emocional.** Uma conexão emocional com clientes atuais e potenciais comunica muito mais sobre a marca do que os fatos e a lógica, além de fortalecer o relacionamento. A mensagem emocional é mais simples e impactante. Assim, o Adoption Drive da Pedigree, com suas fotos de cãezinhos, provoca uma resposta emocional e faz a Pedigree ganhar vida e se tornar muito mais do que uma fabricante de ração.
- **Autenticidade.** O programa não pode parecer comercial ou artificial. Se a marca se ajusta logicamente e o objetivo do programa está orientado de forma correta, é muito provável que ele crie a sensação de autenticidade. O Healthy Smiles, da Crest, por exemplo, que oferece cuidados odontológicos de baixo custo para crianças carentes, se ajusta muito bem à marca de pasta de dente. A autenticidade fica mais fácil quando a organização pode ser parte do programa, utilizando seu pessoal, recursos e competências, como a Home Depot faz em sua relação com a Habitat for Humanity, em vez de ser apenas um patrocinador distante.
- **Conexão com a marca mestre.** O energizador de marca não pode desempenhar sua função de fornecer energia à marca mestre sem estar conectado a ela. Três rotas de conexão são possíveis. Uma é usar o nome da marca mestre como parte do nome da marca energizadora, como no caso da Ronald McDonald House. Uma segunda é selecionar um programa ou atividade tão perfeitamente alinhado à marca que a ligação entre os dois seja fácil de estabelecer. Um programa de conservação de água seria natural para marcas como Starbucks e Coca-Cola, por exemplo. A terceira seria fabricar a ligação, construindo-a de forma consistente com o passar do tempo e alocando recursos significativos nesse sentido. Essa terceira tática é mais cara e difícil, pois o público não tem motivação alguma para internalizar a ligação.
- **Ativo de longo prazo.** O energizador de marca deve ser considerado um ativo de longo prazo, merecendo investimentos prolongados e gestão ativa contínua. Ele deve ter uma vida ativa própria e não apenas ser mais um item guardado no armário. Pense na Caminhada da Avon, no Oscar Mayer

Wienermobile e no pato da AFLAC. Todos esses energizadores existem há décadas e foram renovados continuamente desde sua criação.
- **Ser gerenciado como parte do portfólio de marcas.** Por serem ativos de marca de longo prazo, os energizadores de marca, sejam eles internos ou externos, são parte do portfólio de marcas, com funções definidas e ligações com as outras marcas pertencentes ao portfólio. Eles não são marcas isoladas e improvisadas. Essas funções e ligações também precisam ser gerenciadas, especialmente o elo entre o energizador e a marca mestre.

Em suma

As marcas com energia suficiente são uma minoria, e as com energia demais são mais raras ainda. A falta de energia é uma epidemia no espaço das marcas. Praticamente todas as marcas deveriam priorizar a criação de energia; níveis inadequados de energia significam menor chance de visibilidade no momento da compra, a percepção de ser velha e chata e feita para algum outro cliente e a deterioração da imagem da marca. A boa notícia é que a energia pode ser adicionada a uma marca com a revitalização da oferta, programas de marketing energizados e a descoberta ou criação de um energizador de marca externo ou que pode ser apropriado.

Parte V

Gerencie seu portfólio de marcas

Capítulo 17

Você precisa de uma estratégia de portfólio de marcas

O todo é maior do que a soma de suas partes.
— **Aristóteles**

História real: uma empresa de software tinha um conjunto tão confuso de marcas e ofertas que seus próprios funcionários não sabiam dizer aos clientes o que deveriam comprar. Além disso, a escolha de nomes para novos produtos estava paralisada, pois todas as opções pareciam apenas piorar a confusão. Os problemas de portfólio raramente chegam a crises tão graves, mas muitas vezes eles também acabam inibindo a estratégia de negócios e levando a esforços de construção de marca ineficientes e ineficazes.

Todas as empresas têm múltiplas marcas; algumas têm centenas, até milhares. O problema fundamental é que, muitas vezes, cada uma delas é administrada como um silo independente, quando, na verdade, o portfólio de marcas precisa ser gerenciado ativamente de modo que resulte em:[1]

- **Clareza** em vez de confusão, internamente e no mercado.
- **Sinergia**, pela qual as diversas marcas e seus programas de construção de marca trabalham em conjunto para fortalecer a visibilidade das marcas, criar e reforçar associações continuamente e obter eficiências de custo.

- **Relevância**, para que as marcas estejam posicionadas de modo a dar visibilidade e credibilidade para ofertas em mercados-alvo e mercados existentes de produtos.
- **Plataformas de marca fortes** que embasarão um negócio saudável no futuro.
- **Ativos de marca alavancados** que são estendidos para novos mercados de produtos como marcas endossantes ou mestres.
- **Funções de marcas claras**.

Criar estratégias eficazes de portfólio de marcas é sempre um processo extremamente desafiador. Uma única oferta muitas vezes envolve múltiplas marcas, como o Cadillac Escalada da GM, que inclui Stabilitrak e OnStar. Cada uma dessas cinco marcas que definem a oferta está ligada a outros modelos da GM, em geral de formas sutis e complexas. O que torna o projeto especialmente difícil é que cada empresa é especial, e cada portfólio também; assim, apesar de haver um conjunto de ferramentas e conceitos que quase sempre são úteis, não existe um processo linear que funciona em todos os contextos. Além disso, como a estratégia de portfólio de marcas é determinada por uma estratégia de negócios dinâmica, é sempre necessário modificar, ampliar e alterar o portfólio e sua estratégia. Não é nada fácil.

Duas decisões de portfólio precisam ser muito bem entendidas, não apenas porque influenciam a capacidade do portfólio de atingir seus objetivos, mas porque definem e ilustram funções de marca fundamentais para uma estratégia de portfólio.

- Primeiro, como deve ser a marca de uma nova oferta (ou de uma existente)? Submarcas ou marcas endossadas devem ser utilizadas?
- Segundo, quais são as prioridades de marca dentro do portfólio? Quais marcas são estratégicas e quais devem ser eliminadas ou receber menos apoio?

Criando a marca de uma nova oferta: o espectro de relacionamento de marca

A oferta precisa ser representada por uma marca ou conjunto de marcas voltado para o cliente, cada uma das quais com uma função definida. Essas funções são os elementos fundamentais de uma estratégia de portfólio. Eles incluem:

- **Marca mestre**: o indicador principal da oferta, o ponto de referência. Visualmente, ela costuma ficar em posição de destaque.
- **Marca endossante**: serve para dar credibilidade e substância à oferta (ex.: a Lancôme endossa marcas de produtos como a Miracle). Na maioria dos

casos, sua função é representar a estratégia, pessoas, recursos, valores e tradição da organização por trás da oferta.
- **Submarca**: amplia ou modifica as associações de uma marca mestre em um contexto de mercado de produtos específico (ex.: Porsche Carrera). Sua função é adicionar associações como atributos do produto (ex.: Chevrolet Volt), personalidade de marca (ex.: Calloway Big Bertha), categoria de produto (ex.: Ocean Spray Craisins) e até energia (ex.: Nike Force).
- **Descritores**: descrevem a oferta, geralmente em termos funcionais (ex.: GE Aviation, GE Appliances, GE Capital, GE Healthcare). Apesar de geralmente não serem marcas, os descritores têm papéis cruciais em qualquer estratégia de portfólio.

Funções motivadoras

A função motivadora reflete o quanto a marca determina a decisão de compra e define a experiência de uso. Quando perguntam "qual marca você comprou (ou usou)?", a resposta dada será a marca com a função motivadora primária. Assim, se os usuários do Jeep Wrangler tendem a dizer que compraram ou dirigem um Jeep, não um Wrangler, a submarca (Wrangler) seria relegada a uma função motivadora secundária. As marcas mestres quase sempre são dominantes em termos de função motivadora, mas submarcas, marcas endossantes e descritores de marca também podem desempenhar essa função com diferentes níveis de intensidade. Entender a função motivadora é importante para desenvolver as marcas da oferta e, posteriormente, gerenciar essa marca ou conjunto de marcas.

O espectro de relacionamento de marca

Uma questão fundamental de estratégia de portfólio é como desenvolver uma marca para uma nova oferta adquirida ou desenvolvida internamente ou como criar uma nova marca para uma oferta existente. Como vemos na Figura 6, há quatro opções posicionadas ao longo de um espectro de relacionamento de marca:

Nova marca. A opção mais independente é criar uma nova marca, sem as restrições causadas pela associação com uma marca mestre, que poderiam ser inúteis ou até nocivas. Quando reunimos uma coleção de novas marcas, temos a chamada estratégia de casa de marcas, o que significa que cada marca precisa ter sua própria casa. A P&G é uma empresa de casa de marcas, operando mais de 80 marcas principais com pouca relação entre si ou com a P&G.

A estratégia da casa de marcas permite que a empresa posicione as marcas claramente com base em seus benefícios funcionais e domine segmentos de

FUNÇÃO DE MARCA	MARCA MESTRE COM DESCRITOR	MARCA MESTRE COM SUBMARCA	NOVA MARCA ENDOSSADA PELA MARCA MESTRE	NOVA MARCA
Distância da marca mestre	Nenhuma	Alguma	Mais	Máxima

Figura 6 Espectro de Relacionamento de Marca.

nicho. Não é preciso fazer concessões no posicionamento da marca para acomodar seu uso em outros contextos de mercados de produtos. A marca se liga diretamente ao cliente de nicho com uma proposição de valor direcionada a ela. Na categoria de xampus, por exemplo, a P&G possui diversas marcas, como Head & Shoulders (combate à caspa), Pantene (faz o cabelo brilhar), Pert Plus (primeiro produto a combinar xampu e condicionador), Herbal Essences (inspirado pela natureza) e Wella Allure (qualidade profissional), cada um deles possui uma proposição de valor especial.

Uma limitação importante da estratégia de casa de marcas da P&G é a perda das economias de escala que seria obtida com a alavancagem da marca em múltiplos negócios. As marcas que não conseguem sustentar investimentos por si só (especialmente a terceira ou quarta oferta da P&G em uma categoria) correm o risco de sofrer estagnação e entrar em declínio. Outra limitação é a perda da alavancagem de marca, pois as marcas muito concentradas tendem a ter um escopo estreito e pouca capacidade de extensão.

Marca endossante. A segunda opção é a estratégia de marca endossante, na qual a marca da oferta, como a Scotchguard, é endossada por uma marca mestre existente, como a 3M. A função da marca endossante é dar credibilidade e assegurar que a marca endossada cumprirá sua promessa. Uma marca endossada (Scotchguard) não é completamente independente da endossante (3M), mas tem bastante liberdade para desenvolver associações de produtos e tem uma personalidade de marca diferente da endossante. Em geral, a marca endossante tem uma função motivadora secundária, mas quando a endossante é forte e a nova oferta é desconhecida e arriscada, sua função motivadora pode se tornar significativa.

Às vezes, a marca endossante pode se beneficiar do processo. Por exemplo, um novo produto bem-sucedido e com bastante energia ou uma oferta que se torna a marca líder de mercado podem fortalecer suas endossantes. Assim, quando a Nestlé comprou a Kit-Kat, uma grande marca de chocolate na Grã-Bretanha, um endosso forte da Nestlé foi adicionado para fortalecer a imagem da empresa na Grã-Bretanha.

Submarca. A terceira opção é a estratégia de submarca, como o programa Wells Fargo Way2Save ou o Buick Enclave. A submarca adiciona ou modifica as associações da marca mestre. Ela pode ter uma personalidade diferente ou proposição de valor em relação à marca mestre, mas não tem a mesma liberdade de ação que uma marca endossada.

A submarca pode ampliar o escopo da marca mestre, permitindo que ela concorra em áreas nas quais não seria apropriada. Por exemplo, a submarca Black Crown permite que a Budweiser entre na subcategoria de *lagers* premium, a submarca Evolution Kit dá à Samsung um veículo para criar um sistema de interação em aparelhos de TV e a submarca Venus ajuda a Gillette a se tornar relevante entre o público feminino.

Um elemento importante da gestão da marca é entender sua função motivadora. Se esta for significativa, pode ser necessário ou apropriado alocar recursos de construção de marca. Se for secundária ou ter uma função principalmente descritiva, no entanto, o mesmo não seria verdade. Com frequência, a importância da submarca é exagerada, e as organizações ficam chocadas quando as pesquisas mostram que a função motivadora de uma submarca é ínfima e seus investimentos em sua construção foram jogados fora.

Marca mestre. A última opção, de vender a nova oferta sob uma marca mestre existente somada a um descritor, chamada de opção da casa de marca, significa que a marca mestre estaria na função motivadora dominante. Qualquer descritor usado precisa ter uma função motivadora mínima ou inexistente. A BMW usa uma estratégia de marca mestre, então seus modelos usam nomes como BMW 3, BMW 7, BMW X1, BMW M e assim por diante. A FedEx é outra, com FedEx Express, FedEx Services, FedEx Freight, etc. A opção de casa de marca alavanca ao máximo uma marca mestre estabelecida, exige investimento mínimo em cada nova oferta e tem o potencial de fortalecer a clareza e sinergia do portfólio. Por consequência, ela é a opção padrão. Qualquer outra estratégia precisa de justificativas muito fortes para ser adotada.

A estratégia da marca mestre tem duas grandes desvantagens. Primeiro, quando adaptada a diferentes mercados de produtos, o uso da mesma marca mestre sem uma submarca ou marca endossada para criar ou modificar uma proposição de valor significa que a marca pode não ser bem aceita pelos clientes, provocando uma desvantagem competitiva. Segundo, também há o risco de que um evento negativo em um contexto prejudique a marca em todos os outros.

Estratégias híbridas. As estratégias puras são raras. A maioria das organizações adota estratégias híbridas. A Kraft, por exemplo, é usada como marca mestre em queijo, maionese e molho de salada, mas também como endossante de marcas como Stovetop Stuffing, Miracle Whip, Oscar Mayer e Maxwell House, entre outras. A L'Oreal possui uma série de marcas mestre, incluindo Maybelline New York, L'Oreal Paris e Garnier, mas cada uma delas possui submarcas e ingredientes de marca. Até a BMW tem as séries M (desempenho nas quatro rodas) e Z4 (carro esportivo) que funcionam como submarcas, com personalidade e outras associações próprias distintas da BMW.

Selecionando a posição certa no espectro

A escolha da marca certa para uma nova oferta depende da análise de três perguntas.

- A marca mestre existente vai fortalecer a oferta?
- A oferta vai fortalecer a marca mestre?
- Há um motivo convincente para gerar uma nova marca, seja ela uma marca independente, marca endossada ou submarca?

A situação ideal é aquela na qual a marca mestre fortalece a nova oferta e se beneficia por ser parte dela. Quando isso não se concretiza, pode ser necessário buscar uma maior distância entre a marca mestre e a nova oferta. Há alguma distância no uso de uma submarca, mais com uma marca endossada e máxima com uma nova marca.

É preciso observar que se uma estratégia de negócios atraente estiver em jogo, pode ser preciso correr alguns riscos com a marca. Não podemos nos iludir com a ideia de que o objetivo é criar e proteger marcas. Na verdade, o objetivo deve ser criar e alavancar um portfólio de marcas para permitir que a estratégia de negócios tenha sucesso.

Prioridades de marca dentro do portfólio

Além de funções que definem ofertas, existe uma série de funções de portfólio que possuem consequências para a alocação de recursos e prioridades. A definição de status de marca estratégica é a mais importante de todas.

Uma marca estratégica é aquela que tem importância estratégica para a organização. É uma marca que precisa se tornar e permanecer forte e, logo, deve receber todos os recursos dos quais precisar. A identificação de marcas estratégicas é um passo crucial para garantir que os recursos de construção de marca serão alocados às áreas de negócios estrategicamente mais importantes.

Em geral, existem três tipos de marcas estratégicas. Tais marcas são:

- **Marcas poderosas atuais.** Marcas que geram vendas e lucros significativos no presente e não são candidatas para o *status* de geradoras de caixa. Elas podem já ser marcas grandes e dominantes, como Microsoft Windows ou

Coca-Cola Zero, e as projeções indicam que manterão ou ampliarão sua posição atual.
- **Marcas poderosas futuras.** As projeções indicam que vão gerar vendas e lucros significativos no futuro, como a linha Glacéau Vitaminwater da Coca-Cola. Marcas poderosas futuras também podem ser pequenas ou ainda não terem sido introduzidas no mercado, mas conquistam esse status devido a seu potencial e sua posição no portfólio do futuro.
- **Marcas eixo.** Influenciarão diretamente posições de mercado e vendas significativas no futuro (em contraste com gerá-las). Essas marcas são o eixo ou ponto de alavancagem de uma grande áreas de negócios ou de uma visão futura da empresa e provavelmente serão diferenciadores de marca, como descrito no Capítulo 8. A Hilton Rewards é um exemplo desse tipo de marca para a Hilton Hotels, pois representa a capacidade futura de controlar um segmento crítico e significativo do setor hoteleiro: os hóspedes que utilizam programas de fidelidade.

Além de marcas estratégicas, há funções de marca com consequências para a alocação de recursos, incluindo:

- **Marcas de nicho.** Tornaram-se dominantes em um mercado de nicho lucrativo, mas nunca se tornarão marcas poderosas.
- **Marcas flanqueadoras.** Desenvolvidas para neutralizar um concorrente. Por exemplo, uma marca premium pode lançar uma marca econômica para atacar um concorrente com produtos de baixo preço. A marca pode não cumprir os padrões de rentabilidade, mas ainda ser útil na redução do poder de mercado de um concorrente.
- **Marcas geradoras de caixa.** Têm um negócio que vale a pena, baseado em um segmento central, mas pouco potencial de crescimento. Devem receber investimento mínimo, apenas criando um fluxo de caixa que pode ser usado em outras marcas.

O problema clássica é que as marcas poderosas futuras e marcas eixo sem uma base de vendas acabam sofrendo com a falta de recursos. As marcas poderosas atuais têm o orçamento e o poder organizacional. Muitas vezes, não há um mecanismo organizacional que consiga enxergar a situação do portfólio como um todo; assim, as marcas poderosas atuais recebem mais investimentos do que precisam, enquanto as marcas do futuro ficam de mãos vazias. Outro risco é que os gerentes de marca otimistas adotem uma forma de pensamento mágico, resultando em um número excessivo de marcas candidatas a status estratégico; algumas vão acabar recebendo recursos que poderiam ser melhor aproveitados em outros contextos.

Reduzindo o portfólio: um processo de avaliação e consolidação

Outro problema é que alguns portfólios têm muitas marcas sem uma função definida. Muitas empresas "descobrem" que têm marcas demais, problema cujas consequências variam da ineficiência e confusão à paralisia na hora de lançar novas ofertas ou até de gerenciar o portfólio. Normalmente, o principal culpado é um processo indisciplinado de criação de marcas; a organização não possui um grupo ou indivíduo com autoridade para aprovar ou não o lançamento de marcas e submarcas novas e adquiridas, com base em uma avaliação objetiva da necessidade de uma nova marca que justifique o apoio contínuo por parte da empresa.

Reduzir e esclarecer o portfólio é a missão do processo de avaliação e consolidação de portfólios, uma análise objetiva dos pontos fortes e utilidade das marcas existentes e das funções que desempenham no portfólio, realizada por um grupo de executivos com alta credibilidade. Além de podar e simplificar um portfólio com marcas demais, o processo pode identificar e proteger marcas estratégicas, especialmente as futuras marcas poderosas e as marcas eixo. Ele funciona porque reduz os custos políticos envolvidos com a tomada de decisões difíceis, muitas das quais envolvem disputas de território internas da organização.

O primeiro passo é determinar o conjunto de marcas relevante a ser avaliado. O conjunto pode incluir todas as marcas e submarcas, mas normalmente se concentrará em um agrupamento de marcas comparáveis. Por exemplo, uma análise da GM incluiria suas principais subsidiárias; a saber, Chevrolet, Buick, Cadillac, GMC e Opel. Outro nível de análise se concentraria nas submarcas ligadas a uma marca mestre. Assim, as submarcas da Buick seriam Verano, Regal, Lacrosse, Encore e Enclave. Quando as marcas têm funções semelhantes, fica mais fácil avaliar seus pontos fortes relativos.

O segundo passo é avaliar cada marca utilizando critérios como sua posição com relação a:

- **Brand Equity**: Qual o nível de conhecimento, percepção de qualidade, diferenciação e relevância? Ela agrega ou subtrai valores de novas ofertas? A GM eliminou a Oldsmobile em parte porque os novos modelos recebiam avaliações inferiores quando o logotipo Oldsmobile era aplicado a eles. Qual é o tamanho e intensidade do segmento fiel? Qual é a função motivadora da marca? Ela não seria apenas um descritor, com pouco *brand equity*?
- **Força de Negócio**: Quais são o nível de vendas, potencial de crescimento, posicionamento de mercado e rentabilidade do negócio que a marca apoia? A escala é suficiente para competir? Ele é líder de mercado em seu nicho ou está em terceiro ou quarto lugar?
- **Adaptação Estratégica**: Ela se adapta com a visão estratégica da empresa como um todo? Ela tem o potencial de se estender a outras categorias? Ela

pode ser uma plataforma de crescimento ou determinar uma posição de mercado?
- **Opções de Gestão de Marca**: A *brand equity* pode ser transferida para outra marca? Ou ela poderia ser fundida com outras marcas?

O terceiro passo é determinar o nível de investimento para cada marca com base na avaliação. O primeiro nível inclui as marcas estratégicas. Para a Nestlé, o nível abrange doze marcas globais, como Nescafé (café), Nestea (chá) e Purina (ração animal), mais um conjunto de marcas regionais ou nacionais, como Dreyer's Ice Cream, que são estratégicas em seus próprios mercados. Essas marcas terão funções estratégicas e receberão um defensor de marca que irá controlar seu uso e os programas de marketing que afetam a marca. O defensor terá autonomia para adotar uma perspectiva estratégica de longo prazo.

O segundo nível é formado por marcas com funções especializadas, como marcas de nicho e flanqueadoras. O terceiro nível inclui marcas consideradas geradoras de caixa e recebem investimentos apenas suficientes para preservar sua posição, ou mesmo só o necessário para administrar um declínio ordeiro. Em ambos os casos, elas geram fundos que serão utilizados em outras partes da organização.

As marcas restantes serão candidatas para eliminação. Se seus negócios não forem desejáveis ou não se adaptarem ao resto da estratégia, a marca poderá ser vendida ou fechada. Se o negócio vale a pena, mas a marca não está contribuindo, a organização tem duas opções. Primeiro, a marca pode se tornar um descritor, sabendo que não tem e não terá função motivadora e não receberá recursos. Na verdade, o nome pode até ser alterado para um descritor. A Dell alterou diversas marcas como "E-Support" e "Ask Dudley!" para "Serviços Especializados" e "Respostas Instantâneas Online". Segundo, a marca pode ser fundida com outras ou ter seu *brand equity* transferido para outra. A Microsoft combinou os produtos Word, PowerPoint, Excel e Outlook no Office, que se tornou uma marca estratégica. A Unilever transferiu o *brand equity* da Rave, uma linha de cuidado com o cabelo, para a Suave, e dos detergentes Surf para a All.

O quarto passo é implementar a estratégia. Essa transição pode ser súbita ou gradual. Uma transição súbita pode sinalizar uma mudança no negócio e na estratégia de marca como um todo, tornando-se uma oportunidade especial para dar visibilidade e credibilidade a uma mudança que afeta os clientes. Assim, quando a Norwest Bank adquiriu a Wells Fargo e mudou o nome de Norwest para Wells Fargo, a empresa teve a oportunidade de comunicar novas capacidades que melhorariam a oferta para seus clientes.

Quando uma tática corre o risco de alienar ou confundir os clientes atuais, outra opção é transferir os clientes de uma marca para outra gradualmente. Quando a Nestlé transferiu a marca Contadina para seu grupo Buitoni, houve um período de quatro anos durante os quais a primeira foi endossada pela Della Case Buitoni ("da casa de Buitoni") e o visual da embalagem recebeu toques que lembravam a Buitoni. Depois, a Buitoni foi endossada pela Contadina por mais um ano até que a mudança fosse finalizada.

Em suma

Muitas vezes, as marcas não são independentes. A organização precisa desenvolver uma estratégia de portfólio que crie clareza, sinergia, relevância, alavancagem e funções de marca bem definidas, não confusão e oportunidades perdidas. No processo, é importante entender o espectro de marca e as funções motivadoras. As submarcas oferecem alguma distância em relação a uma marca mestre, as marcas endossadas oferecem uma distância maior e uma nova marca gera separação completa. A função motivadora reflete a capacidade da marca de influenciar decisões de compra e definir experiências de uso. Um portfólio de marcas ideal depende da identificação e alocação de recursos a marcas estratégicas que incluem marcas poderosas atuais, marcas poderosas futuras e marcas eixo. O estrategista precisa administrar as marcas de nicho, flanqueadoras e geradoras de caixa e eliminar o resto do portfólio utilizando uma análise objetiva. Quando a equipe de marca acerta a estratégia de portfólio, a mágica acontece – e o resultado será muito maior do que a soma das partes.

Capítulo 18

Extensões de marca: o bom, o mau e o feio

As marcas se tornaram a barreira à entrada, mas também são o meio de entrada.
— **Edward Tauber**

Por quase três décadas, a Disney foi definida por desenhos animados como a série Steamboat Willie (Mickey Mouse) e longas-metragens como *Branca de Neve e os Sete Anões*, *Bambi* e *Cinderela*. Em 1955, ocorreu uma das extensões de marca mais importantes de toda a história, quando a Disney inaugurou a Disneyland, oferecendo um ambiente de entretenimento familiar que alavancava os personagens da empresa e incluía experiências exclusivas, como os brinquedos "Magic Mountain", "It's a Small World", "Tom Sawyer's Island" e muito mais. Na mesma época, o programa de TV Wonderful World of Disney foi ao ar para apoiar o parque temático e a nova marca Disney.

A Disney se tornou muito diferente da marca de desenhos animados, criando um relacionamento intenso com seu público e oferecendo experiências familiares nostálgicas. A Disneyland deu à empresa permissão para se estender a outros parques temáticos da Disney, filmes da Disney sem animação, lojas da Disney, cruzeiros da Disney, hotéis da Disney, musicais da Disney, programas de TV da Disney, um canal de TV da Disney e assim por diante. Todos eles geraram uma sinergia construtora de marca que apoiava a marca Disney, com sua visão de marca de crianças, famílias e momentos mágicos, mas também sua família cada vez maior de marcas subsidiárias, como Pato Donald, o Rei Leão e a própria Disneyland.

Uma receita para o sucesso estratégico é criar e alavancar ativos; na verdade, essa pode ser a essência da estratégia. Na maioria das empresas, um dos ativos mais poderosos é sua marca. Uma extensão de marca pode fortalecer e expandir a marca enquanto apoia uma nova oferta em outro mercado de produtos, criando uma plataforma de crescimento. Estender uma marca estabelecida é uma possível alternativa à opção cara e arriscada de criar e estabelecer uma nova marca.

Extensões de marca como as da Disney podem contribuir de forma "boa" para o novo negócio e para a marca, mas também têm o potencial de gerar coisas "ruins" e até "feias". Uma análise da opção de extensão de marca precisa entender os três.

O bom: a marca fortalece a oferta de extensão

Um nome de marca estabelecido pode ajudar uma nova oferta ao reduzir o tempo de entrada no mercado e os recursos necessários para o lançamento ao mesmo tempo que aumenta suas chances de sucesso. Ela pode dar a credibilidade de uma marca estabelecida, com um histórico de cumprir suas promessas e, em alguns casos, acesso a uma base de clientes. Em geral, seu maior valor está em ajudar na conscientização e criação de associações úteis para a nova oferta.

Consciência

Uma tarefa muito básica quando entramos em um novo mercado de produtos é simplesmente ganhar visibilidade. Para ser considerado e, logo, ser relevante, é preciso ter visibilidade. É muito mais fácil introduzir uma marca estabelecida, como a Disney, em uma nova categoria como roupas de bebês, do que construir uma marca desconhecida. As pessoas simplesmente precisam aprender a ligar uma marca conhecida a uma nova categoria, em vez de aprender um novo nome e ligá-lo a uma categoria.

Associações de marca

Uma marca tem associações que ajudam a nova oferta ao fornecer ou apoiar uma proposição de valor.

- **Relevância da categoria do produto**: A experiência da IBM com computadores ajudou a empresa a marcar presença em Soluções de TI. A Starbucks

é caracterizada pela experiência *premium* com café, auxiliada por sua cafeteira Verismo e a marca de sorvete Dreyer's Starbucks Coffee Ice Cream. A pasta de dentes Crest deu credibilidade às escovas de dente Crest.
- **Atributo/benefícios funcionais**: O sabor da Hershey vai longe, o impacto da Nyquil no sono ajuda a contar a história da Zzzquil, a Planters Peanut Butter sugere que o ingrediente de amendoim será o melhor e a Mr. Clean Car Wash tem um símbolo significativo por trás de si.
- **Credibilidade tecnológica** As lanternas Duracell Durabeam e o Duracell Powermat (que mantém seu *smartphone* funcionando) se beneficiam da reputação das pilhas Duracell. A Tide Dry Cleaners vai entender de lavagem de roupas. A GE alavancou sua credibilidade na tecnologia de turbinas quando entrou no ramo dos motores a jato.
- **Valores organizacionais**: A Kashi, que começou em 1984, construiu uma marca de cereal em torno de produtos que enfatizavam ingredientes naturais selecionados por seus benefícios nutricionais, como sete grãos integrais. A marca foi estendida para incluir barras de cereais, quadradinhos assados, bolachas, biscoitos, pilaf e até waffles, sendo sempre comprovadamente a opção mais saudável da categoria.
- **Personalidade de marca/benefícios de autoexpressão**: A personalidade e estilo de vida do usuário da Caterpillar afeta a imagem de sua linha de vestuário e calçados. A personalidade da Virgin deu certo em uma ampla variedade de categorias.

Quando a marca possui associações fortemente ligadas a uma classe de produtos, o potencial de extensão é limitado. Contudo, quando o *brand equity* se baseia em associações mais abstratas, esse potencial é mais amplo e flexível. Algumas associações de marca fundamentais, com credibilidade tecnológica, personalidade de marca, imagem do usuário (AXE), estilo (Calvin Klein), alimentação saudável (Healthy Choice) e estilo de vida (Nike) não estão associadas com uma classe de produtos específica e podem ser mais abrangentes do que um produto ligado a um atributo específico da oferta.

Melhor: a extensão fortalece a marca

O foco da maioria das extensões está em garantir que ela terá sucesso. Contudo, o quanto a extensão afeta a marca representa uma consideração igualmente importante, ou até mais.

As extensões fortalecem a visibilidade e a associação da marca. Giorgio Armani, um grande nome no mundo da moda, se aventurou em categorias como óculos, relógios, cosméticos e até hotéis (Armani Hotel Dubai), móveis de luxo

(Armani Casa), confeitos (Armani/Doci) e flores (Armani Flowershop). O nome Armani ganha uma injeção de visibilidade cada vez que é encontrado. Toda essa exposição é um bônus para a marca, pois não ocorreria sem esses empreendimentos. A simples exposição também sugere capacidade e aceitação de mercado. Os estudos mostram que os clientes ficam impressionados com empresas que conseguem atravessar fronteiras de produtos.

As extensões também dão energia à marca, um elemento fundamental e que pode ser crucial para níveis maiores de visibilidade, especialmente quando são bem-sucedidos e envolvem inovações. A Dove, por exemplo, alavancou sua marca de sabonete e a associação com hidratação no gel de banho com o Nutrium, desodorantes, panos de limpeza, xampu com hidratantes Weightless, sabonete Nutrium, Dove para homens e muito mais. Cada novo lançamento de sucesso envolveu uma inovação visível e deu energia e visibilidade à marca Dove. As vendas do sabonete original dobraram por causa da vitalidade das extensões. A Tide também soube alavancar inovações. O sucesso da Tide Pen dá à marca mestre uma aura de sucesso e inovação.

Uma extensão pode expandir o escopo da marca e agregar associações que podem ser alavancadas. Quando a IKEA entrou no ramo de construção de casas, ela criou outra plataforma de crescimento ao mesmo tempo que deu uma imagem menos restritiva à marca. O sucesso da Virgin Airlines foi uma transformação radical para a marca Virgin, que até então estava ligada a uma empresa de música criativa. Ela permitiu que a Virgin se transformasse na bandeira de mais de 300 negócios diferentes, incluindo a Virgin Money e a Virgin Rail.

Finalmente, as extensões podem oferecer um orçamento maior para programas de marketing e construção de marca. Programas de alto custo, como patrocínios e promoção de eventos, serão mais acessíveis e terão melhor relação custo-benefício quando uma base de vendas maior apoiar a marca.

O mau: a marca não ajuda ou até inibe a extensão

A capacidade de uma marca de ajudar uma extensão depende da força da marca, mas também de sua adaptação e credibilidade no novo contexto. Se a adaptação é ruim ou a credibilidade é fraca, a marca pode acabar mais atrapalhando do que ajudando a extensão. Considere os exemplos abaixo de extensões que não deram certo, todas com alguma lógica:

- A Harley-Davidson descobriu que sua marca não funcionava com refresco de vinho, possivelmente porque motociclistas não se interessam muito pelo produto.

- A linha de ternos "Tailored Classics" da Levi Strauss fracassou em grande parte devido às associações da Levi's com estilo casual, materiais fortes e a vida ao ar livre.
- Uma associação de gosto era incompatível com a oferta de extensão no caso da Lifesaver Soda (refrigerante com gosto de bala), Frito-Lay Lemonade (limonada salgada) e Colgate Kitchen Entrees (comida com gosto de pasta de dente)
- O carro Swatch sofreu porque a credibilidade da Swatch em relógios coloridos não se transferiu para o mundo dos automóveis.
- A Bausch & Lomb, especialista em cuidados oftalmológicos, decidiu alavancar seu P&D, canais de distribuição e percepção sobre qualidade para entrar no mercado de enxaguantes bucais, mas fracassou; não havia benefício para o cliente.
- A Bic Perfume oferecia conveniência e descartabilidade, mas não tinha credibilidade no campo dos perfumes.
- A Sony e a Apple tiveram dificuldade de penetrar no mercado corporativo, enquanto Cisco, IBM e outras têm dificuldades para entrar no mercado doméstico, em parte devido à personalidade de marca e competência de categoria que cada uma dessas marcas promoveu.

As questões de adaptação não são sempre simétricas. A Log Cabin não conseguiu estender sua marca de xaropes ao ramo de misturas prontas para panqueca; a associação com um xarope doce e grudento provavelmente não gerou visões de um produto leve e macio. A Aunt Jemima, por outro lado, devido à sua ligação com o personagem simpático que dá nome a marca, teve sucesso na outra direção, passando da mistura pronta para o xarope.

O feio: a extensão prejudica a marca

Muitas vezes, o nome da marca é o principal ativo da empresa. Uma extensão infeliz ou mal implementada pode prejudicar a marca, especialmente se o fracasso de tal extensão não for rápido e discreto.

Diluição das associações de marca existentes

As associações de marca criadas pela extensão podem obscurecer uma imagem nítida que costumava ser um ativo importante, reduzindo a credibilidade da marca em seu contexto original. O uso excessivo e indisciplinado do jacaré da Lacoste e da marca Gucci levaram à erosão de suas imagens e de sua capacidade de gerar benefícios de autoexpressão. A recuperação foi lenta e dispendiosa em ambos os casos.

É preciso fazer uma distinção entre adicionar e diluir associações. Se as associações originais são fortes, é improvável que elas sejam afetadas por extensão que simplesmente adiciona outras sem introduzir inconsistências. Quando a Michelin oferece a Michelin Easy Grip Snow Chain, o produto não dilui sua credibilidade e relevância com pneus.

Associações de atributos indesejadas são criadas

Em geral, a extensão cria novas associações de marca, algumas das quais têm o potencial de prejudicar a marca em seu contexto original. Ninguém duvida que as balas de frutas Sunkist podem ter prejudicado a imagem de saúde da marca, que os eletrodomésticos Black & Decker prejudicaram sua imagem de ferramentas profissionais, que a imagem de um banco de investimentos sofreria se ele se tornasse parte de um banco de varejo ou que a Lipton Soup, mais de meio século atrás, afetou a imagem de uma marca de chás refinados.

Afastar-se da marca básica coloca a marca em risco, pois em vez de ser fortalecida, enriquecida e capacitada, a marca pode ser prejudicada ou até destruída. Estender o uso de uma marca pode ser arriscado. O resultado final depende do sucesso das extensões, a natureza do reenquadramento da marca e a capacidade da empresa de gerenciar a estratégia no futuro.

A marca não cumpre sua promessa

Qualquer extensão coloca em risco o *brand equity* se não cumpre uma promessa de marca importante, especialmente quando se utiliza da base de clientes fiéis da marca. Quando a Black & Decker estendeu sua marca de ferramentas para eletrodomésticos de cozinha, a percepção de que o desempenho da linha de aparelhos era decepcionante ou pouco confiável tinha o potencial de afetar a imagem das ferramentas Black & Decker, pois o mercado-alvo de ambos coincidia parcialmente. A marca fica particularmente vulnerável se a extensão é vertical e descendente, como veremos no próximo capítulo.

Um incidente negativo atribuído à marca será mais provável e poderá causar mais danos caso ela tenho sido estendida a categorias demais. O Audi 5000 foi acusado de sofrer de um problema de "aceleração súbita", acusação que era provavelmente falsa. Por consequência, toda a linha Audi, não apenas o Audi 5000, sofreu comercialmente por duas décadas. A simples possibilidade de uma acusação de abuso sexual de crianças impediu a Fisher-Price de entrar no ramo de cuidados infantis, pois sua enorme linha de produtos infantis seria afetada caso ocorresse um escândalo.

Encontrando candidatos a extensões

Se existe um novo conceito ou produto ou serviço acabado, a questão pode ser se uma marca existente pode ser estendida de modo a criar a marca necessária para a oferta. As pesquisas que identificam o que a marca produz e o que ela recebe da nova oferta podem ajudar na tomada da decisão. A nova oferta pode ser avaliada com e sem a marca. A diferença nas respostas sinaliza exatamente como e se a marca está adicionando (ou subtraindo) valor. O estudo também pode determinar o impacto da nova oferta sobre a marca.

Se o novo conceito de oferta ainda não existe, o desafio é escolher uma categoria na qual a marca pode ser utilizada. Você pode utilizar um processo em quatro passos para resolver esse problema.

O processo começa com uma determinação das associações de marca, pois são candidatas a servir de base para um conceito de extensão. É possível utilizar diversos métodos de pesquisa para descobrir associações e os pontos fortes de cada uma. Um exercício útil é pedir aos respondentes que identifiquem, a partir de um conjunto de categorias, aquelas que se encaixam com a marca e algumas que não combinam, e então explicar os motivos por trás de suas escolhas. Normalmente, o processo revela associações fortes e que podem ser alavancadas, assim como associações problemáticas. A Wells Fargo pode ter associações como diligências, Velho Oeste, cofres, confiabilidade e espírito empreendedor, enquanto a McDonald's pode estar conectada a crianças, famílias, Big Mac, Ronald McDonald, McCafé e muito mais.

O próximo passo é identificar as opções de categorias de produtos de extensão. Para tanto, considere cada associação e tente pensar em categorias nas quais ela seria relevante e agregaria valor. A Wells Fargo, por exemplo, poderia considerar cofres domésticos e roupas de estilo Western, enquanto a McDonald's analisaria brinquedos infantis e cruzeiros para famílias.

Terceiro, as categorias consideradas precisariam ser avaliadas. A categoria é atraente? Continuará a sê-lo? Está crescendo? As margens são boas? Como é a situação da concorrência? A empresa têm os ativos e recursos necessários para competir?

Finalmente, a oferta em potencial precisa ser identificada e avaliada. Poucas novas ofertas "imitadoras" dão certo. Dezenas de estudos de novas ofertas nos ensinam que a diferenciação significativa é o elemento mais correlacionado com o sucesso no mercado. Você não pode se iludir e achar que uma marca, por mais forte e relevante que seja, vai levar ao sucesso uma nova categoria sem uma oferta que seja inovadora e tenha uma história convincente. Tudo o que a marca certa pode fazer é fortalecer uma oferta inovadora e com uma proposição de valor convincente, nada mais do que isso.

Criando plataformas de *range brands*

Em geral, a decisão de extensão de marca tende a ser improvisada e ter uma perspectiva de curto prazo. Uma estratégia de marca mais consciente precisa considerar plataformas de *range brands*, não apenas as extensões. Uma *range brand* abrange diversas classes de produtos, alavancando uma associação diferenciadora. A Dove, por exemplo, possui uma plataforma de *range brand* que utiliza a associação de hidratação para criar um ponto de diferenciação em uma grande gama de categorias de extensão. Os estrategistas não devem ficar procurando a "próxima" extensão, mas sim considerar a visão de marca total e a sequência de extensões necessárias para chegar a esse destino.

Na implementação de uma estratégia de plataforma de *range brands*, a sequência das extensões é gerenciada de forma que o escopo da marca seja ampliado gradualmente. Com o tempo, extensões que antes seriam consideradas arriscadas demais se tornam viáveis à medida que a marca evolui e entra em sua nova estratégia de portfólio. Por exemplo, a Gillette significa lâminas de barbear quando lançou a Gillette Foamy, um produto de barbeamento que não era uma lâmina. A Gillette Foamy, fortemente ligado às lâminas de barbear, foi uma ponte para a linha de produtos de higiene pessoal masculinos lançados sob a marca Gillette Series.

Colocando os riscos de extensão em perspectiva

Algumas associações de marca têm riscos tão grandes que poderiam ser descritos como assustadores, suficientes para que a opção fosse descartada pela empresa. Contudo, o projeto pode ser tão irresistível que os riscos para a marca ainda podem valer a pena. O potencial estratégico da extensão pode ser tão forte que o sucesso significaria abrir novas opções de crescimento. Em última análise, a estratégia de marca precisa apoiar a estratégia de negócios, não ser um obstáculo para ela.

Além do mais, os riscos podem ser atenuados. O uso de uma submarca, ou mesmo de uma marca endossada, pode separar a extensão da marca mestre, reduzindo assim os riscos devidos a problemas de desempenho ou adaptação. Além disso, a extensão pode ser posicionada cuidadosamente de modo a reduzir qualquer efeito de suas associações sobre a marca mestre. Se as associações coincidirem, elas não devem ser apresentadas de forma diferente ou inconsistente no contexto da extensão.

Em suma

As extensões podem expandir uma base de negócios e criar novas plataformas de crescimento. O bom: uma marca pode ajudar uma nova oferta a conquistar visibilidade e as associações de que precisa. O melhor: a nova oferta pode fortalecer a visibilidade da marca e suas associações, além de expandir seu escopo e aumentar o orçamento de construção de marca. O ruim: as associações de marca podem não ajudar, ou até atrapalhar, a nova oferta. O pior: a nova oferta pode prejudicar a marca ao diluir sua imagem, criar uma associação indesejável ou cometer equívocos ou acidentes no mercado. Para escolher marcas com potencial para extensões é preciso descobrir associações de marca que possam ser alavancadas, encontrar uma oferta com proposição de valor atraente e garantir que a extensão não será um elemento improvisado ou estranho, mas sim parte de uma visão maior para a marca.

Capítulo 19

Extensões de marca verticais têm riscos e recompensas

Descobrimos que nossas grandes marcas têm costas largas.
— **Charles Strauss, Presidente da Unilever**

O mercado principal de muitas marcas *premium* está se tornando mais hostil. Com a superprodução debilitante, o encolhimento dos mercados e o potencial de crescimento desanimador, a lógica de negócios sugere entrar em dois nichos emergentes que costumam ser saudáveis e estar crescendo. Um é o mercado de classe baixa, onde atuam as marcas econômicas. O outro é o mercado de luxo, onde as marcas *super-premium* têm boas margens, bons índices de crescimento e, muitas vezes, uma bom nível de *buzz*.

Essa decisão significa que o novo mercado precisa ser considerado atraente em termos de potencial de crescimento, presença de concorrentes e margens, e também que a empresa decidiu que tem ou pode obter os ativos e habilidades de que precisa para superar esse novo desafio. No mercado de classe baixa, isso envolve criar uma vantagem de custo sustentável, ou pelo menos ter paridade de custos com as outras empresas. No mercado de luxo, é preciso encontrar maneiras de ter credibilidade no mercado e de conseguir criar uma promessa de marca convincente.

Os riscos de usar uma marca existente para entrar nesses nichos são muito maiores do que aqueles enfrentados em outros contextos de extensão. É importante entender esses riscos e saber como eles podem ser gerenciados. A estratégia de marca não tem o luxo de uma existência independente da estratégia de negócios. Se a estratégia de negócios determina uma ação em sentido vertical, as marcas precisam apoiá-la.

Entrando em um mercado econômico

Um mercado econômico pode ser uma opção irresistível para uma marca premium enfrentando mercados maduros e margens decrescentes. O crescimento e vitalidade de um mercado econômico podem ser influenciados por diversos fatores. Primeiro, os clientes podem estar mais preocupados com preços, talvez estimulados pela incerteza econômica ou a impressão de que uma categoria se tornou menos diferenciada, tornando o preço um fator mais dominante nas decisões sobre marcas. Segundo varejistas econômicos, como Amazon, Target, Walmart, Costco, Home Depot e Office Depot, esses podem ser canais de alto crescimento. Para participar mais ativamente nesses canais, pode ser necessário criar uma oferta de marca econômica. Terceiro, tecnologias disruptivas como a Crest SpinBrush ou o ultrassom portátil Vscan da GE, tornam uma oferta econômica mais relevante ou eliminam uma desvantagem preexistente.

O espaço de valor não é apenas uma oportunidade de crescimento, ele pode ser estrategicamente importante por outros motivos.

- Sem o volume de vendas associado, a empresa pode não ter as economias de escala necessárias. Essa foi a motivação da Mercedes para oferecer um modelo A de baixo preço; o negócio precisava do volume de produção.
- Concorrentes com o potencial de abocanhar uma fatia dos mercados principais podem estar estabelecendo uma ação na base. Pode ser estrategicamente importante impedir seu progresso com o uso de uma marca flanqueadora. A Intel lançou o processador Celeron, com "desempenho proporcional ao seu orçamento", em parte para impedir o avanço de concorrentes como a AMD.
- À medida que o mercado amadurece e os clientes entendem melhor os produtos, o público pode não estar mais disposto a pagar por conselhos e serviços. O Xiameter, da Dow Corning, permitia que a empresa vendesse uma oferta online "simplificado de silício" para atender um segmento crescente que não precisava mais do suporte da empresa, por mais excelente que fosse, e preferia um produto de preço reduzido.

Criando marca para uma entrada econômica

Como deve ser construída a marca da entrada econômica?

Uma alternativa é criar uma marca independente totalmente nova. Quando a Gap desenvolveu uma rede de lojas com preços baixos para as classes mais baixas, a empresa descobriu que o nome Gap Warehouse prejudicava a marca Gap e levava à canibalização, então a organização decidiu usar a marca Old Navy. O problema é que poucos têm os recursos necessários para desenvolver uma nova marca, especialmente no mercado econômico, no qual as questões de custo impedem o apoio de um esforço de construção de marca e é difícil criar uma mensagem que chame a atenção. A Old Navy teve a sorte de possuir uma escala e uma personalidade, algo que poucos participantes do mercado têm acesso.

Outra opção é usar uma marca existente que a empresa já possui e que é reconhecida. A Samsonite usou a marca American Tourister para atender o mercado econômico de malas de viagem para responder aos pedidos de vendedores de massa e de preços baixos. A GE Appliances tinha a Hotpoint ao seu dispor para uso como marca econômica. A Toyota usou a marca Datsun, parada por quase 30 anos, para produzir automóveis baratos para mercados emergentes. Essas estratégias alavancam um *brand equity* que não teriam utilidade sem elas. Contudo, na maioria dos casos, a organização não tem uma marca desse tipo ao seu dispor. Assim, na maioria dos contextos, uma oferta viável em um mercado econômico envolve o uso de uma marca premium, o que implica em três tipos de riscos.

Primeiro, utilizar uma marca *premium* tradicional para gerar visibilidade e credibilidade em um mercado econômico corre o risco de prejudicar a marca original. As percepções sobre a qualidade da marca podem ser afetadas se a oferta econômica não tiver, ou for considerada como não tendo, a qualidade esperada da marca. O TED, um evento prestigioso, com excelentes palestrantes que fazem apresentações fascinantes e estimulantes, decidiu permitir que uma ampla variedade de grupos montassem eventos semelhantes ao TED, o chamado TEDx. Mas alguns dos apresentadores do TEDx, não aprovados pela TED, eram vergonhosamente ruins ou equivocados. A imagem da marca TED foi colocada em risco por causa disso.

Segundo, uma oferta econômica pode criar um problema de canibalização. A história registra diversas ocasiões em que a maioria dos compradores de uma oferta econômica era composta de clientes existentes da marca *premium*. Associar a marca *premium* com a oferta econômica pode reduzir a percepção de que a marca econômica será inferior ou pouco confiável, que é o motivo pelo qual os clientes fiéis da marca premium sempre evitaram comprar "marcas econômicas".

Por fim, há uma certa realidade irônica na ideia de que a oferta econômica pode fracassar porque os clientes esperam que ela seja relativamente cara, um problema sério quando o preço é o principal elemento motivador. Os clientes estão em busca de sinais de preço baixo e a marca premium pode acabar comunicando o sinal errado.

Uma alternativa é abandonar o mercado premium e reposicionar sua marca como econômica. Se a marca *premium* está tendo dificuldades em um ambiente competitivo ou se foi afetada por um problema de qualidade, esta pode ser a escolha de estratégia ideal para a marca. Nesse caso, os dois primeiros riscos desaparecem e o terceiro quase sempre é mais do que compensado pelo benefício que o *brand equity* oferece. Mas quando a marca premium está ativa em um mercado grande e valioso, abandonar essa posição e seu volume de vendas não é inteligente e talvez sequer seja viável.

Utilizando submarcas ou marcas endossadas

Os riscos podem ser reduzidos pelo uso de submarcas ou marcas endossadas, como sugerido pela discussão sobre o espectro de marca introduzido no Capítulo 17.

As submarcas, ao distinguir as ofertas mais baratas da marca mestre, reduzem o risco de canibalização e de danos à imagem. A missão se torna mais viável quando a oferta econômica em si é claramente diferente e a submarca reforça essa diferença. Quando a oferta é difícil de distinguir, como no caso de lubrificantes ou detergentes, pois as principais características do produto não estão visíveis, o desafio de distinção se torna muito mais grave. Por outro lado, o MINI Cooper da BMW, um carro minúsculo, engraçado e retrô, é visual e funcionalmente tão diferente da linha principal da BMW que esse risco é mínimo. Quando as diferenças são menos visíveis, pode ser útil criar personalidades diferentes, sustentadas por logotipos, cores e esforços de construção de marca que criam a separação necessária. A submarca pode ser, por exemplo, o "filho" divertido da família, em comparação com a marca "mãe".

Uma submarca pode sugerir uma oferta qualitativamente diferente ou criada para um segmento diferente. Submarcas como Express, Junior ou Mini sugerem que a oferta está na mesma família, mas possui alguma restrição. A Pizza Hut usa a marca Pizza Hut Express para lojas com cardápios limitados e sem atendimento nas mesas. A Sainsbury, uma loja britânica, lançou o formato Sainsbury's Savacentre, enfatizando a posição econômica. A P&G usa o Bounty Basic e o Tide Simply Clean & Fresh para sinalizar produtos econômicos.

Uma marca endossada oferece mais separação em relação à marca mestre do que aquela gerada por uma submarca. A Marriott aplicou uma estratégia de marca endossada para entrar em segmentos econômicos, como a Courtyard by Marriott, a Marriott's Fairfield Inn e a Marriott's SpringHill Suites. Nesse caso, a marca é utilizada para dar credibilidade e visibilidade à oferta, além de alguns benefícios funcionais, como o sistema de reservas e recompensas no caso da Marriott. Mas a tática ainda envolve riscos para a marca, pois dá visibilidade à conexão entre a marca mestre e a oferta econômica, o que pode levar à canibalização e à erosão da imagem. A Marriott hesita em colocar sua marca em ofertas econômicas, mas a lógica de negócios (de que o endosso da marca Marriott era um elemento crítico para o projeto) era irresistível.

Elevando uma marca

Os clientes e as empresas são atraídos pelas partes mais altas do mercado porque é lá que estão o interesse, a vitalidade e, ás vezes, o prestígio e os benefícios de autoexpressão. As marcas presas em contextos maduros e tediosos não precisam apenas de energia e vitalidade, elas também sentem falta de pontos de diferenciação e invejam as marcas de luxo, que apesar de menores, são muito mais atraentes. Grãos de café especiais e lojas da Starburcks, em contraste com latas de café compradas no supermercado, têm características exclusivas e ofertas que dialogam com os valores e estilos de vida dos consumidores. Microcervejarias, carros de luxo, eletrodomésticos de decoração e lavadoras ecológicas são todos capazes de gerar interesse e injetar energia em categorias batidas.

O mercado de luxo também tende a ser atraente por motivos financeiros. Ele representa um submercado em crescimento e que contém margens altas. Nos países desenvolvidos e nos em desenvolvimento, o segmento mais afluente está crescendo e busca as marcas de luxo. Em geral, a população tradicional de consumidores está aumentando sua tendência de esbanjar dinheiro em alguns luxos ao mesmo tempo que poupa em outros pontos. Além disso, preços *premium* e marcas diferenciadas levam a margens chamativas. Uma marca de lubrificante super-premium representava cerca de 5% das vendas de uma empresa, mas mais de 90% dos lucros.

Uma questão estratégica é determinar se a empresa possui os ativos, competências, ideias de ofertas inovadoras, poder de marketing e comprometimento de que precisam parar criar uma oferta super-premium que terá aceitação no mercado. No mercado de luxo, tentar vender uma oferta que o público não acredita ter uma proposição de valor significativa é um bom jeito de ficar decepcionado, se não uma receita para o fracasso. Outra questão é qual marca utilizar no mercado de luxo.

Criando marca para uma entrada de luxo

A primeira opção é criar uma nova marca que tenha permissão para atuar nas partes superiores do mercado e gerar benefícios de autoexpressão. Essa opção pode ser considerada cara e difícil, mas foi considerada necessária quando a Toyota criou a Lexus. A empresa acreditava que a marca Toyota, que sinalizava economia, qualidade e benefícios funcionais relevantes para o mercado de massa, não sustentaria uma oferta de luxo baseada em prestígio, direção e conforto. Quando a Black & Decker criou uma linha de ferramentas para profissionais de construção, não havia menção alguma à marca Black & Decker, pois esta está associada a amadores que fazem consertos domésticos e, pior ainda, eletrodomésticos de cozinha. A marca DeWalt foi criada com uma cor amarela característica, em contraste com o verde da linha Black & Decker. A estratégia ainda permite que marcas como Lexus e DeWalt produzam benefícios de autoexpressão, mas faz com que os clientes se sintam reconfortados pelo fato implícito de que a Toyota e a Black & Decker estão por trás delas, atuando como "endossantes silenciosos".

Outra opção de gestão de marca é identificar ou adquirir uma marca tradicional que tenha credibilidade no mercado de luxo pretendido. A montadora chinesa Geely comprou a Volvo em parte para ter uma marca que poderia competir globalmente em um segmento de mercado mais elevado do que a marca Geely conseguiria penetrar.

Utilizando submarcas e marcas endossadas

Criar ou adquirir uma nova marca para uma entrada em mercados mais elevados pode ser incrivelmente caro, difícil e, em alguns casos, simplesmente inviável. A alternativa é utilizar uma marca tradicional existente, aliada a uma submarca ou marca endossada para apoiar a nova entrada. O uso de uma marca existente irá:

- Tornar o processo de construção de marca mais viável e menos dispendioso. Boa parte do custo de criar visibilidade e associações para um novo nome de marca é reduzido ou evitado. Tende a ser mais fácil associar a Budweiser com uma cerveja super-premium ou a GE com um eletrodoméstico de luxo do que criar um novo nome que ainda precisa se estabelecer no caos do mercado.
- Ocasionalmente ajudar a fornecer uma proposição de valor. Assim, os clientes dos aparelhos GE Profile sabem que podem acessar o sistema de atendimento ao cliente da GE.
- Ajudar a marca mestre por meio da associação com ofertas de maior qualidade e o prestígio e credibilidade que as acompanham. A Gallo usou submarcas para sair da categoria dos vinhos de garrafão usando produtos premiados como a Gallo Family Vineyards Sonoma Reserve e a Gallo Signature Series. Todos podem sair ganhando com essa estratégia.

Dois desafios: primeiro, a marca muitas vezes simplesmente não tem credibilidade, pois ninguém confia nela para gerar a percepção de qualidade ou os benefícios funcionais. O público acredita que a organização por trás da marca está comprometida com um nível de qualidade diferente. Segundo, a marca pode não ser consistente com a necessidade têm gerar benefícios de autoexpressão que é um fator determinante no segmento *super-premium*.

A credibilidade e os benefícios de autoexpressão estavam ausentes no Volkswagen Phaeton, um carro que precisava competir (e até superar) os modelos de luxo da Mercedes e BMW. O público simplesmente não acreditava que um carro da Volkswagen poderia chegar à mesma altura que os outros. A marca simplesmente não se encaixava com a proposta. A cerveja *lager* Coors Extra Gold, com uma cor mais profunda e um sabor mais encorpado do que as outras cervejas Coors, se tornou Extra Gold para fugir das associações com a marca Coors. Mesmo uma estratégia de endosso pode enfrentar os mesmos desafios. O Crowne Plaza abandonou o endosso da Holiday Inn porque este era inconsistente com o posicionamento da marca Crowne Plaza.

Uma opção de submarca ou marca endossada tende a funcionar melhor quando a proposição de valor da oferta *super-premium* é clara, pois se baseia em algo concreto, possivelmente protegido por um diferenciador de marca, e não depende de um benefício de autoexpressão subjetivo. Os eletrodomésticos da Siemens by Porsche Designs têm uma vantagem em termos de design, enquanto as Bounty Dura Towels da P&G, posicionadas para substituir os panos de prato e seus problemas de germes, elevam as toalhas de papel funcionalmente. Um descritor de alto nível, como edição especial, premium, seleção, profissional, platina (o cartão Platina) ou Connoisseur Class (Singapore Air) ajuda a sinalizar um benefício funcional aprimorado.

Uma história de processo, ingrediente ou tecnologia por trás da marca pode oferecer a credibilidade que falta. A Budweiser conta como a Budweiser Black Crown foi criada. Doze cervejeiros de fama mundial participaram de uma competição para inventar a melhor *lager*. A cerveja vencedora, selecionada por cerca de 25.000 avaliadores, foi uma *lager* de coloração âmbar dourado que usava malte de caramelo tostado e envelhecida em barris de madeira de faia. A história permitiu que a Black Crown conquistasse aceitação no mundo exclusivo das cervejas de luxo, apesar de levar a marca Budweiser.

Em suma

As extensões verticais podem ter uma justificativa de negócios convincente, pois os mercados econômicos normalmente têm potencial de crescimento e escala, enquanto os segmentos de luxo oferecem crescimento, margens e *buzz*. Ao tentar entrar nesses mercados, é importante ter certeza de que a organização conseguirá cumprir uma promessa de marca muito diferente e será capaz de entender as opções de gestão de marcas, incluindo os riscos e benefícios associados com cada uma delas. Quando uma marca *premium* é utilizada para apoiar uma extensão econômica, ela corre o risco de ser afetada negativamente e provocar um processo de canibalização. Quando utilizada no segmento *super-premium*, ela pode não ter credibilidade. O uso de submarcas e marcas endossadas pode reduzir os riscos.

Capítulo 20

Organizações em silos inibem a construção de marcas

Descobrimos o inimigo, e ele é nós.
— **Pogo**

Abaixo, você encontra alguns cenários desastrosos na área de gestão de marcas, criados por silos organizacionais que não se comunicam ou cooperam entre si. Algum deles soa familiar? Os silos de produtos, países ou áreas funcionais de sua organização levam a:[1]

Marcas que abrangem silos confundidas interna e externamente. Muitas vezes, uma marca mestre, ou até uma marca corporativa, é compartilhada por diversos grupos de silos de produtos ou países, cada um dos quais está motivado a explorar a marca para seus próprios fins. Não há uma pessoa ou equipe com autoridade final sobre a marca. O resultado é um posicionamento de marca inconsistente e estratégias de comunicação que prejudicam a marca e resultam em uma confusão debilitante no mercado. Uma mensagem de marca confusa também dificulta o processo de convencer a organização de que a marca representa alguma coisa.

A incapacidade de alavancar o sucesso da construção de marca entre os silos. Com uma organização composta de múltiplos silos, casos isolados de brilhantismo de marketing ou em uma oferta podem acabar isolados e não serem comunicados por toda a empresa. O desafio é reconhecer e alavancar essa excelência sempre que ela surgir, seja onde for.

A incapacidade de empregar programas de construção de marca que exigem escala organizacional. Muitos programas de construção de marca possivelmente eficazes não têm boa relação custo-benefício para uma empresa dividida em silos, pois ela não tem as economias de escala necessárias. Quando unidades de negócios em silo são agregadas, reunindo diversos produtos ou países, o cálculo econômico muda. Patrocínios como a Copa do Mundo ou programas internos como o BeautyTalk da Sephora se tornam viáveis. A construção de marca eficaz também exige a integração de silos funcionais, como publicidade, patrocínio e marketing digital, para que a mensagem seja reforçada e amplificada. Infelizmente, os silos funcionais muitas vezes competem uns com os outros em vez de cooperarem.

A má alocação de recursos de construção de marca. As equipes de silos são organizacionalmente e psicologicamente incapazes de tomar as melhores decisões quanto à alocação de recursos de construção de marca entre silos. O poder político e econômico das unidades maiores quase sempre é dominante, às custas das unidades menores ou mesmo de propostas de ofertas de negócios. O espaço entre os silos de produtos simplesmente permanece inacessível. É preciso criar um sistema objetivo, de alta credibilidade e nível organizacional para avaliar e alocar recursos que identificarão e financiarão a construção de marcas nos mercados de produtos que representam o maior potencial futuro.

Ofertas de múltiplos silos desastrosas. Os clientes estão em busca de ofertas e proposições de valor que abrangem múltiplos silos. A Walmart quer trabalhar com a P&G, não com dezenas de divisões de produtos. A Citibank quer que os fornecedores interajam globalmente para evitar relações específicas em cada país. Precisamos de sistemas de entretenimento, não de componentes, e de sistemas de saúde, não de fornecedores médicos isolados. Para gerar essas ofertas, os silos precisam fazer mais do que conversar: eles precisam trabalhar em equipe.

Competências de marketing e gestão de marcas enfraquecidas. Atualmente, as necessidades de marketing dependem de habilidades especializadas em múltiplas áreas, como marketing digital, programas de CRM, Big Data, Sistemas de Inteligência de Marketing, Relações Públicas e assim por diante. Além do mais, tudo precisa ser integrado e orientado por estratégias de marca. O esforço de decentralizar essas funções em silos individuais irá, na melhor das hipóteses, criar equipes redundantes, pequenas, isoladas e ineficazes. Em geral, a solução envolve a centralização e alguma forma de coordenação precisa e enxuta.

Em busca de cooperação e comunicação entre silos

Para lidar com os problemas causados por silos, empresas de todo o mundo estão criando, expandindo ou energizando a posição de CMO corporativo e apoiando o grupo de marketing central. O trabalho não é fácil, disso ninguém duvida. Os esforços da equipe do CMO de conquistar credibilidade, presença e influência representam um desafio enorme frente à indiferença ou, mais provavelmente, a resistência dos silos.

Para determinar como criar marcas fortes e marketing excepcional em um mundo de silos, foram entrevistados executivos de mais de 40 empresas, a maioria dos quais eram CMOs ou tinham cargos equivalentes, enquanto o resto tinha visibilidade em relação à função de CMO.[2] Foi solicitado que os entrevistados identificassem problemas criados pela estrutura em silos e que medidas haviam tido sucesso em resolver esses problemas. Uma conclusão geral é que os silos não devem ser derrubados, pois eles oferecem elementos valiosos como a capacidade de responsabilização, *insights* de quem está próximo ao mercado e na qualidade decisiva de suas atitudes. Em vez disso, é preciso substituir o isolamento e a competição por comunicação e cooperação; tudo que promove esse objetivo será útil. Algumas ideias específicas:

Perceber que funções não ameaçadoras podem ser agentes de mudança poderosos

Um novo CMO, ou um CMO revitalizado, muitas vezes fica tentado a avançar rapidamente, centralizando a tomada de decisões, os orçamentos de marketing e os programas de marketing que abrangem múltiplos silos. A estratégia pode ser correta quando a empresa está em crise e um CEO forte apoiará as mudanças, mas seu resultado mais frequente é um fracasso espetacular.

Outras funções de CMO são menos ameaçadoras e representam menos risco de fracasso, mas ainda podem ter influência significativa ao direcionar a organização no sentido de comunicação e cooperação por meio de funções não ameaçadoras como facilitador, consultor ou prestador de serviços. Na função de facilitador, a equipe do CMO pode estabelecer uma estrutura de planejamento comum, promover comunicação, encorajar e possibilitar cooperação, criar bancos de dados e de conhecimento e elevar o nível do talento de marketing na organização como um todo. Na função de consultor, o CMO seria um participante convidado no processo de silos, no qual são desenvolvidos a estratégia de marca e os programas de marketing. Como prestador de serviços, o CMO é "contratado" pelas unidades de negócio em silos para prestar serviços de marketing como pesquisas, estudos de segmentação, capacitação ou consultoria em programas de marketing como patrocínios ou promoções. Essas funções mais modestas têm impactos significativos na estratégia, nos programas e até na cultura de inúmeras organizações.

Usar recursos organizacionais entre silos, como equipes e redes

As equipes entre silos com objetivos claros e líderes eficazes, como o Customer Experience Council da HP, o Global Marketing Excellence Council da Dow-Corning ou o Global Marketing Board da IBM, são recursos poderosos para estimular fluxos de informação entre silos, desenvolver programas sinergísticos e permitir relacionamentos entre silos.

Redes formais e informais, outra ferramenta organizacional extremamente importante, podem se basear em temas como grupos de clientes, tendências de mercado, contextos de experiência do cliente, geografias ou áreas funcionais, como patrocínios ou marketing digital. A Nestlé, por exemplo, desenvolveu redes de informação que abrangem múltiplos silos, centradas em clientes globais como a Tesco ou a Walmart, e em áreas de interesse como o mercado latino nos EUA e "mãe e filhos". Os membros da rede estão motivados para se manter em contato com suas contrapartes em outro países para descobrirem fatos, ideias e *insights* que poderiam se aplicar a seus próprios mercados.

Instalar um processo de planejamento de marketing e um sistema de informações em comum

Um programa de marketing e de marcas padronizado, praticamente igual em todos os silos, quase nunca é ideal. O ideal é ter um processo de planejamento, incluindo modelos e estruturas, e um sistema de informações de apoio que são sempre os mesmos em toda a organização. Usar um único processo de planejamento cria a base para a comunicação, pois estabelece um único vocabulário, conjunto de medidas, banco de dados de informações e estrutura de decisões.

Ter um processo que adapta marcas a contextos de silos

Para evitar que uma marca que abrange silos se torne confusa e inconsistente, uma organização com as melhores práticas terá marcas adaptadas a contextos de silos ao mesmo tempo que mantém a consistência da personalidade da marca. A adaptação, como explicado no Capítulo 3, permite que uma visão de marca seja ampliada em um contexto de silos ou introduza a flexibilidade para ter um elemento de visão interpretado ou priorizado de maneiras diferentes nos contextos de silos. Sem esse mecanismo de adaptação, os grupos de silos reconhecem que a visão e posição da marca, determinada por um processo centralizado, simplesmente não funciona em seu mercado. A adaptação oferece um canal que permite que a consistência e a sinergia sobrevivam, mas ao mesmo tempo torna a marca relevante em um mercado de silos.

Transformar os silos em ativos em vez de barreiras

Os silos podem e devem ser um veículo para aprimorar, e não prejudicar, a capacidade da organização de desenvolver marcas e programas de marketing fortes. A existência de múltiplos silos oferece um laboratório para testar e refinar ideias como parte de um programa sistemático de teste e aprendizagem. Provavelmente mais importante do que isso é o fato de que os silos podem ser uma fonte de ideias para produtos revolucionários ou campanhas de marketing que podem ser implementadas em toda a organização. Na Nestlé, o sorvete de lanche Dibs nasceu nos Estados Unidos; na Levi's, a calça Dockers veio da América do Sul. Como observado no Capítulo 10, a campanha "Amo Muito Tudo Isso" veio da Alemanha, enquanto o "Hair So Healthy It Shines" ("Cabelo Tão Saudável que Brilha") da Pantene veio de Taiwan. O segredo é dar aos silos autonomia para acertar em cheio com suas tentativas, identificar o marketing excelente quando este ocorre e ser capaz de testar e implementar ideias sem demora.

Obter o apoio do CEO/da organização

Para conseguir avançar, a equipe do CMO precisa de credibilidade e aceitação. Um dos segredos é obter o apoio visível do CEO com a autoridade e os recursos correspondentes. Uma maneira de recrutar o CEO para o projeto é alinhar a função do marketing com as prioridades do CEO. Concentre-se nos objetivos de crescimento, não em extensões de marca; em objetivos de eficiência e de custos, não em escala ou sinergia de marketing; em construir ativos para apoiar iniciativas estratégicas, não em campanhas de imagem de marca. O objetivo é reenquadrar o marketing como um fator crucial da estratégia de negócios e não como uma função administrativa tática. A ideia é evitar que o CMO esteja posicionado como mais um defensor de uma área funcional (todas as áreas sempre precisam de mais recursos).

Outro caminho para conquistar o apoio da direção é usar números concretos e objetivos que mostrem a relação entre o marketing e o desempenho financeiro. Quando as equipes do CMO conseguem demonstrar o retorno sobre o investimento ou sua ausência, seu status dentro da empresa se fortalece e sua imagem de indivíduos subjetivos e sem habilidades analíticas é, no mínimo, reduzida. Em tempos de responsabilidade financeira, a equipe executiva quase sempre não fica à vontade quando o desempenho não é mensurado.

A credibilidade também é fruto do conhecimento do cliente. Na verdade, ela é a maior fonte possível de influência. "O cliente nos diz que..." é um argumento poderoso e difícil de refutar. Quando a equipe do CMO entende melhor o cliente do que os silos, ou pelo menos atinge o mesmo nível de entendimento, as discussões podem avançar sem o obstáculo do "mas você não entende o mercado". Ter conhecimento direto de um estudo de segmentação, pesquisa etnográfica, pesquisa de satisfação ou dados de acompanhamento cria credibilidade. As contribuições do CMO serão difíceis de ignorar se forem baseadas na emergência de um novo segmento, uma nova aplicação, uma insatisfação sistemática com o produto ou uma marca em declínio.

Em busca da comunicação integrada de marketing (CIM)

Em 1972, Ed Ney, CEO da Y&R, anunciou que a empresa criaria uma equipe de especialistas representando diferentes modalidades, como publicidade, RP, marketing direto, *design* e promoção, para oferecer uma abordagem de equipe combinada para as necessidades de comunicação dos clientes. O esforço, apoiado pelas empresas adquirentes, foi batizado de *the whole egg* (literalmente, "o ovo todo"). Nas últimas quatro décadas, a Y&R e outras empresas tentaram oferecer esse "ovo todo", mas tiveram muitas dificuldades para executar o processo, em grande parte porque os silos funcionais quase sempre representam um obstáculo enorme.

Os silos funcionais resistem à tendência de se tornar parte de um esforço de comunicação integrada de marketing (CIM), pois se consideram concorrentes por recursos, cada um dos quais acreditando que sua abordagem representa o veículo mais eficaz de construção de marca. É raro que haja uma competição aberta por ideias para determinar qual silo tem a melhor ideia de verdade. Outro problema é que as diferentes modalidades, como publicidade, patrocínios e digital, simplesmente não se comunicam bem, em parte porque não conceitualizam o mercado da mesma maneira, em parte porque utilizam vocabulários diferentes e em parte porque usam medidas de desempenho radicalmente diferentes. Por fim, é difícil encontrar líderes de CIM capazes de oferecer uma visão estratégia e integradora.

A necessidade de CIM eficazes apenas se intensificou, especialmente com o crescimento do mundo digital. A época das mídias de massa como pilares do programa de comunicação se foi há muito tempo. Em seu lugar, surgiu uma ampla gama de ferramentas de mídia. O conceito de comunicação integrada *media neutral* (com neutralidade de mídia) é mais valorizado e, em muitos casos, se tornou crítico para as organizações.

Para muitos, a resposta é uma iniciativa de CIM em equipe composta de empresas de comunicação externas e que envolve uma série de modalidades relevantes. Os membros individuais são selecionados com base em seu talento excepcional, atitude de equipe e capacidade de apoiar a tarefa do momento. A equipe é responsabilizada pela criação e implementação de uma "grande ideia". O conceito já funcionou no passado, mas é mais difícil do que parece. O esforço da holding de comunicação WPP em 1997 para criar uma nova empresa, a Da Vinci (mais tarde, Enfatico) para trabalhar todo o marketing da Dell durou menos de dois anos por causa do tamanho excessivo, falta de cultura tradicional, mudança na equipe executiva de marketing na Dell e resultados decepcionantes. Mas a ideia estava respondendo a um problema real; desde então, a WPP criou cerca de trinta equipes para marcas como Ford, Coors e Bank of America. Algumas dessas equipes, como Lincoln (Hudson Rouge), MillerCoors (Cavalry) e Colgate (Red Fuse), têm seus próprios nomes, escritórios e site.

Outra abordagem de equipe de CIM, liderada pela P&G, está centrada na modalidade que é central para o programa. No caso da Pampers, por exemplo, esta poderia ser o site e o marketing social, pois o fator motivador é o conceito de cuidado com bebês. Para outra marca, poderia ser o patrocínio. Mas a modalidade principal não precisa pertencer ao mundo da publicidade. A melhor agência na modalidade para a P&G é selecionada e então é formada uma equipe de agências de apoio. Os colíderes da equipe são selecionados dessa agência e da P&G, com a missão de dirigir e coordenar o trabalho. Um elemento fundamental é que a remuneração se baseia no trabalho de toda a equipe.

O que aprendemos com esses e outros esforços de criar equipes de CIM entre silos? Muito, na verdade. Sabemos que o processo é difícil de iniciar e difícil *mesmo* de continuar no longo prazo. Mesmo esforços bem-sucedidos que duram anos podem murchar ou se descontrolar quando um ou mais de seus fatores críticos se enfraquecem ou desaparecem. Também sabemos que a probabilidade de sucesso é maior quando há um(a):

- **Ordem do CEO com um motivo de negócio irresistível para CIM.** O apoio do CEO faz com que as barreiras entre silos recuem.
- **Estratégia de marca forte por trás do esforço.** A estratégia deve ser o integrador, mas também precisa ser clara e convincente. A Google, por exemplo, possui um conjunto de dez valores que orienta toda construção de marca, como foco no usuário (interfaces limpas e simples), fazer uma coisa muito bem e ser rápido. Esses valores ajudaram as unidades divididas em silos a ter objetivos em comum.

- **Líder estratégico forte**. O líder deve ter influência organizacional, perspectiva estratégica e habilidades de liderança de equipe. Na Apple, uma das poucas empresas com excelente desempenho em CIM, o CEO desempenha essa função.
- **Sistema de remuneração baseado em equipes**. Muitas vezes, esse é um desvio radical em relação à norma de muitos dos participantes e não é fácil implementá-lo.
- **Equipe saída de uma única empresa**. Uma equipe de CIM saída de uma única empresa, como a Y&R, terá uma só cultura e não terá conflitos sobre quem é o dono do cliente ou da receita. Contratar múltiplas empresas oferece o potencial de obter mais membros de equipe que são os melhores no que fazem, mas essas equipes quase sempre sofrem de estresse organizacional. Esse estresse é reduzido na presença de um executivo de marketing interno forte e quando as empresas pertencem ao mesmo grupo de comunicações, como a WPP.
- **Grande ideia de uma das modalidades**. O sucesso promove uma cultura de apoio.

Uma história de sucesso de CIM é a campanha "Obrigado, Mãe", da P&G, aplicada nos Jogos Olímpicos de 2010 e 2012. A campanha centrava-se em uma série de vídeos sobre como mães apoiavam seus filhos durante a infância e então comemoravam vitórias olímpicas. As histórias eram cheias de emoção, sentimento, lágrimas de alegrias e muita clareza sobre o papel das mães no sucesso dos atletas olímpicos. É fácil simpatizar com mães que alimentaram bebês, levaram almoços, colocaram curativos em joelhos machucados, torceram em volta de piscinas, compareceram em eventos e compartilharam da alegria de ganhar uma medalha de ouro nas Olimpíadas. Todo mundo entende e simpatiza com o melhor lado de ser mãe.

A campanha abrangeu dezenas de silos de marca, incluindo Tide/Ariel, Pantene, Pampers e Gillette, e também foi coordenada entre diversos canais de mídia e veículos de construção de marca. Um programa mundial de presença no varejo, com duração de cinco meses antes dos jogos de 2012 em Londres, envolveu quatro milhões de varejistas e arrecadou mais de 25 milhões de dólares para apoiar programas esportivos para jovens. Um aplicativo chamado "Thank You Mom" permitia que os usuários agradecessem suas mães com conteúdo personalizado, incluindo vídeo e muito mais. Estima-se que os programas tenham levado a 500 milhões de dólares em vendas, gerado o prestígio e a energia de estar envolvido nas Olimpíadas, o espírito positivo de apoiar o esporte juvenil e a autenticidade e emoção de ouvir histórias de "mães de verdade".

Em suma

Silos isolados de produtos, de países e áreas funcionais não são mais uma opção prática, pois levam à incapacidade de criar mensagens de marca consistentes, alavancar sucessos, ampliar a escala de programas, alocar recursos de marca da melhor maneira possível, construir ofertas que abrangem múltiplos silos e desenvolver as competências necessárias. Contudo, isso não significa que estamos em uma corrida pela centralização ou padronização total. Em vez disso, o objetivo deve ser promover uma cultura de comunicação e cooperação, não de isolamento e competição. A melhor estratégia é dar funções não ameaçadoras à equipe do CMO, usar equipes e redes, processos e sistemas comuns, maneiras de adaptar a visão de marca, silos como fontes de ideias e CEOs para possibilitar concessões organizacionais difíceis. O problema dos silos funcionais se tornou mais grave com o advento da era digital. As equipes de CIM são necessárias e o desafio do presente é aprender como fazê-las dar certo.

Epílogo

10 desafios de gestão de marcas

Os 20 princípios oferecem conceitos e ferramentas que levam a marcas fortes e ao sucesso nos negócios e também refletem 10 desafios de gestão de marcas que os construtores de marca enfrentarão nas próximas décadas. Em especial, as empresas precisam:

1. **Tratar marcas como ativos**. A pressão constante para produzir resultados financeiros de curto prazo, aliada à fragmentação da mídia, deixará as organizações tentadas a se concentrar em táticas e itens mensuráveis e ignorar o objetivo de construir ativos.
2. **Ter uma visão instigante**. A visão de marca precisa ser diferenciadora, encontrar eco junto aos clientes, ter implementação viável, funcionar em um mercado dinâmico no longo prazo, ser adaptável a diferentes contextos e ser comunicada. Os conceitos de personalidade de marca, valores organizacionais, propósito elevado e transcender eventos funcionais podem ajudar, mas não são fáceis de empregar.
3. **Criar novas subcategorias**. A única maneira de crescer, com raras exceções, é desenvolver inovações que são "itens obrigatórios", que definem novas subcategorias e erguem barreiras para impedir a concorrência de conquistar relevância. Isso exige inovações substanciais ou transformacionais e uma nova capacidade de administrar as percepções de uma subcategoria para que se saia vitoriosa.
4. **Gerar construção de marca revolucionária**. Ideias e execuções excepcionais que se destaquem na multidão são necessárias para dar vida à visão de marca e são mais importantes do que o tamanho do orçamento. Bom sim-

plesmente não é bom o suficiente. Com o controle da comunicação passando para as mãos do cliente, é importante buscar os pontos certos do cliente, não promover a marca ou a empresa, mas isso não é fácil.
5. **Produzir comunicações integradas de marketing (CIM)**. As CIM são mais difíceis de capturar e realizar do que nunca, pois as diversas modalidades, como publicidade, patrocínios e digital, tendem a competir entre si em vez de reforçar umas às outras; porque o cenário de mídia e suas opções se tornaram complexas demais; porque o mercado é bastante dinâmico; e porque silos de produtos e países refletem concorrência e isolamento, não cooperação e comunicação.
6. **Definir uma estratégia digital**. Essa arena é complexa e dinâmica e precisa de uma mentalidade diferente, pois, em grande parte, enfrenta a realidade do público que está no controle. São necessárias novas capacidades, iniciativas criativas e maneiras de trabalhar com outras modalidades de marketing.
7. **Construir a marca internamente**. É difícil produzir CIM ou marketing revolucionários sem que os funcionários conheçam a visão *e se importem com ela*. A visão de marca que não tiver um propósito maior terá mais dificuldades com a tarefa de inspiração.
8. **Manter a relevância de marca**. As marcas enfrentam três ameaças: menos clientes comprando o que a marca oferece, motivos emergentes para não comprar e perda de energia. Detectar e reagir a cada uma delas exige conhecimento aprofundado sobre o mercado, mais disposição para investir e mudar.
9. **Criar uma estratégia de portfólio de marcas que produza sinergia e clareza**. As marcas precisam de funções bem definidas e visões que apoiem tais funções. As marcas estratégias devem ser identificadas e receber recursos, enquanto os diferenciadores e energizadores de marca devem ser criados e administrados.
10. **Alavancar ativos de marca que possibilitem o crescimento**. O portfólio de marcas deve promover o crescimento ao possibilitar novas ofertas ou estender a marca verticalmente ou para outra classe de produtos. O objetivo é aplicar a marca a novos contextos nos quais ela agregue valor e se fortaleça.

Notas

Capítulo 2
[1] Uma descrição mais completa do desastre da Schlitz se encontra em David Aaker, *Managing Brand Equity*, New York: The Free Press, 1991, pp. 78-85.
[2] Comunicação pessoal do grupo de avaliação de marcas Interbrand. Os valores de marca de 2013 estão disponíveis no site Interbrand.com.
[3] "The Financial Information Content of Perceived Quality" (with Bob Jacobson), *Journal of Marketing Research*, May 1994, pp. 191-201; e "The Value Relevance of Brand Attitude in High Technology Markets," *Journal of Marketing Research*, (with Bob Jacobson) November 2001, pp. 485-493.
[4] A passagem aparece como um elogio a Aaker, *Managing Brand Equity*.
[5] Robert D. Buzzell, "Predicting Short-Term Changes in Market Share as a Function of Advertising Strategy," *Journal of Marketing Research*, August 1964, pp. 27-31.

Capítulo 3
[1] O modelo de visão de marca, na época chamado de modelo de identidade de marca e ocasionalmente de modelo de Aaker, foi apresentado pela primeira vez em David Aaker, *Building Strong Brands*, New York: The FreePress, 1996. O modelo foi refinado para incluir uma essência de marca em David Aaker and Erich Joachimsthaler, *Brand Leadership*, New York: The Free Press, 2000.
[2] A identidade central da Berkeley-Haas se encontra em seu site, em About Haas > Strategic Plan > Culture > Defining Principles.

Capítulo 4

[1] Grainne M. Fitzsimons, Tanya L. Chartrand, and Gavan J. Fitzsimons, "Automatic Effects of Brand Exposure on Motivated Behavior: How Apple Makes You 'Think Different,'" *Journal of Consumer Research*, June 2008, pp. 21-35.

[2] Susan Fournier, "Consumers and Their Brands: Developing Relationship Theory in Consumer Research," *Journal of Consumer Research*, March 1998, pp. 343-353.

[3] Jennifer L. Aaker, "Dimensions of Brand Personality," *Journal of Marketing Research*, August 1997, pp. 347-356.

[4] Jennifer L. Aaker, Veronica Benet-Martinez, and Jordi Garolera, "Consumption Symbols as Carriers of Culture: a Study of Japanese and Spanish Brand Personality Constructs," *Journal of Personality and Social Psychology*, 81 (3) 2001, pp. 492-508.

Capítulo 5

[1] David Aaker and Kevin Lane Keller, "The Impact of Corporate Marketing on a Company's Brand Extensions," *Corporate Reputation Review*, July 1998, pp. 356-378.

[2] Do site da Uniliver, 2013, ver vida sustentável.

[3] Extraído dos dados da BrandJapan, baseados em uma pesquisa anual da *brand equity* de mais de mil marcas japonesas.

Capítulo 6

[1] Dan Ariely, *Predictably Irrational*, New York: HarperCollins Publishers, 2008.

[2] Stuart Agres, Emotion in Advertising: An Agency's View, in Stuart J. Agres, Julie A. Edell, and Tony M. Dubitsky, *Emotion in Advertising*, New York: Quorum, 1990, pp. 1-18.

Capítulo 7

[1] Para uma discussão mais detalhada do conceito de "item obrigatório" e como ele pode ser implementado, ver David Aaker, *Brand Relevance: Making Competitors Irrelevant*, San Francisco: Jossey-Bass, 2011.

[2] Para uma análise mais completa desse estudo, ver Aaker, *Brand Relevance*, pp. 1-5.

[3] W. Chan Kim and Renee Mauborgne, *Blue Ocean Strategy*, Boston: Harvard Business School Press, 2005.

[4] Eddie Yoon and Linda Deeken, "Why It Pays to Be a Category Creator," *Harvard Business Review*, March 2013, pp. 21-23.

Capítulo 8
[1] Gregory S. Carpenter, Rashi Glazer, and Kent Nakamoto. "Meaningful Brands from Meaningless Differentiation: The Dependence on Irrelevant Attributes, *Journal of Marketing Research*, August 1994, pp. 339-350.

Capítulo 9
[1] George Lakoff, *Don't Think of an Elephant*," White River Junction, Vermont: Chelsea Green, 2004.
[2] Dan Ariely, *Predictably Irrational*, New York: Harper Books, 2008, pp. 162-163.
[3] Brian Wansick, *Mindless Eating*, New York: Bantam Books, 2006, pp. 19-23.
[4] I. P. Levin and G. J. Gaerth, "Framing of Attribute Information Before and After Consuming a Product," *Journal of Consumer Research*, March 1988, pp. 374-378.
[5] Mita Sujan, "Consumer Knowledge: Effects on Evaluation Strategies Mediating Consumer Judgments," *Journal of Consumer Research*, June 1984, pp. 31-46.
[6] Aaker, Jennifer, Kathleen Vohs and Cassie Mogilner, "Non-Profit Are Seen as Warm and For-Profits as Competent: Firm Stereotypes Matter" *Journal of Consumer Research*, 37, August 2010, pp. 277-291.
[7] Srinivas Reddy and Christopher Dula, "Gillette's 'Shave India Movement,'" *FT.com/management*, November 4 2013.

Capítulo 10
[1] O modelo do processo de pontos de contato foi retirado de Scott M. Davis and Michael Dunn, *Building the Brand Driven Business*, San Francisco: Jossey-Bass, 2002
[2] Emma K. Macdonald, Hugh N. Wilson, and Umut Konus, "A New Tool Radically Improves Marketing Research, *Harvard Business Review*, September 2012, pp. 103-108.
[3] Alex Rawson, Ewan Duncan, and Conor Jones, "The Truth About Customer Experience," *Harvard Business Review*, September 2013, pp. 90-99
[4] G. Lafley and Ram Charan, *The Game-Changer*, New York: Crown Business, 2008, pp. 39-40.
[5] Richard J. Harrington and Anthony, K. Tjan, "Transforming Strategy One Customer at a Time," *Harvard Business Review*, March 2008, 62-72.

Capítulo 11
[1] Adaptado de David Aaker, "Find the Shared Interest: A Route to Community Activation and Brand Building," *Journal of Brand Strategy*, Summer 2013,

pp. 136-147. The material was also included in David Aaker, *Strategic Market Management* 10 ed., New York: John Wiley, 2014.
[2] Susan Fournier realizou estudos pioneiros sobre a metáfora das relações pessoais. Suas ideias estão representadas em inúmeros livros e artigos. Ver Susan Fournier, Michael Breazeale, and Marc Fetscherin, *Consumer-Brand Relationships*, Abingdon, UK: Routledge, 2013.

Capítulo 12

[1] Uma pesquisa da Nielsen com 29.000 usuários da Internet em 58 países informou que 69% dos respondentes confiava em conteúdos de sites e comentários online versus 61% para anúncios de mídia. O nível de confiança sobe para 84% se as opiniões vêm de amigos e familiares de confiança. Aaron Baar, "Nielsen: Consumers Trust WOM Over Other Messaging," *Marketing Daily*, September 17 2013.
[2] Patrick Spenner and Karen Freeman, "Keep It Simple," *Harvard Business Review*, May 2012 pp. 109-114.
[3] Thales Teixeria, "Online Video Offers a Way to Achieve Higher Engagement with Consumers for Far Less Money," *Harvard Business Review*, June 2013, pp. 23-25.
[4] Joe Tripodi, "Coca-Cola Marketing Shifts from Impressions to Expressions," blogs.hbr.org, April 27, 2011.

Capítulo 13

[1] Joe Tripodi, "Open Coke," *The HUB*, July-August 2011, pp. 26-30.

Capítulo 14

[1] J. Gromark, and F. Melin, "Brand Orientation Index—A Research Project on Brand Orientation and Profitability" in Sweden's 500 Largest Companies, reported in Nicholas Ind, *Living the Brand 3rd. ed.*, London: KoganPage, 2007, pp. 66.

Capítulo 15

[1] Ver David Aaker, *Three Threats to Brand Relevance: Strategies that Work*, San Francisco: Jossey-Bass, 2013.
[2] Comunicação pessoal de John Gerzema, que observa que a Walmart ficou em 12º lugar na escala de responsabilidade social entre 3.000 marcas avaliadas pelo banco de dados BrandAsset Valuator da the Young & Rubicam.
[3] Andrew S. Ross, "Green Project Making It Harder to Hate Walmart," *San Francisco Chronicle*, February 28 2010.

Capítulo 16
[1] John Gerzema and Ed Lebar, *The Brand Bubble,* San Francisco: Jossey-Bass, 2008, Chapter 2.
[2] Natalie Mizik and Robert Jacobson. The Financial Value Impact of Perceptual Brand Attributes, *Journal of Marketing Research*, February 2008.

Capítulo 17
[1] Para mais detalhes sobre os materiais neste capítulo e nos dois seguintes, ver David Aaker, *Brand Portfolio Strategy*, New York: The Free Press, 2004.

Capítulo 20
[1] Para mais sobre o problema dos silos e suas soluções, ver David Aaker, *Spanning Silos: The New CMO Imperative*, Boston: Harvard Business Press, 2008.
[2] O estudo e seus resultados estão descritos em detalhes em Aaker, *Abaixo os Silos*.

Índice

3M, 10-13, 122-123,135

A

Absolut, 40-41
Accenture, 17-18
Adaptação da visão de marca, 30-33
Adaptação estratégica, 161-162
Adidas, 97-98, 128-129
AFLAC, 140-141
Agres, Stuart, 54-55
Ajax, 27-30
Alavancagem de ativos, 88-89
Allen, Woody, 135
Althaus, Steven, ii
Amazon, 10-11, 68-70, 135, 165
Ameaças à relevância de marca, 127-134
American Express, 1, 18-19, 40-41
American Greeting, 18-19
American Tourister, 166
Apple, 10, 15-19, 35, 55, 59, 61-65, 69-70, 74-78, 84, 88, 135, 137-138, 158-159, 179
Ariely, Dan, 53

Aristóteles, 145
Arm & Hammer, 89-90
Armani, 157-158
Artzt, Edwin, 15
Asahi, 61-62, 78-79, 127-128
Asian Paints, 46-47
Associações de marca, 10-11, 156-157
AT&T, 15-16
Audi, 160-161
Aunt Jemima, 158-159
Avaliação de marca, 15-22
Avis, 47-48
Avon, 10-11, 60-61, 93-94, 97-98
AXE, 36-37, 135, 137-138, 156-157

B

Bank of America, 53, 177-178
Bauer, Eddie, 38-39
Bausch & Lomb, 158-159
BAV (Brand Asset Valuator), 135-136
Bear, L.L., 51, 121-124, 128-130
Beers, Charlotte, 52
Ben & Jerry's Ice Cream, 41-42, 135-136

Benefícios de autoexpressão, 54-56
Benefícios emocionais, 53-55
Benefícios funcionais, 52-54
Benefícios sociais, 55-57
Berkeley-Haas School of Business, 28-30
Berra, Yogi, 25
Best Buy, 61-62, 69-70, 86-87
Betty Crocker, 103-104, 138-139
Bic, 158-159
Black & Decker, 159-161, 168-169
BMW, 16, 62, 114, 148-150, 167
Brand equity, 10-11, 152-153
Budweiser, 148-149, 169-171
Buick, 18-19, 148-149
Buitoni, 153-154
Burberry, 17-18

C

Cadillac, 136-137, 146
California Casualty, 94-95
Calloway, 146-147
Campbell's Soup, 38-39
Caples, John, 52
Carpenter, Greg, 71-72
Cars.com, 54
Caterpillar, 17-18, 84, 156-157
Celestial Seasonings, 38-39, 53-54
Charmin, 113-114
Chevrolet, 18, 38-41, 147, 152-153
ChevronTexaco, 31-32
Chrysler, 18-19, 77-78
Chrysler Minivan, 61-65
CIM (comunicação integrada de marketing), 176-182
Cirque du Soleil, 60
Cisco, 128-129, 158-159
Citibank, 60-61, 112-114, 172-173
CNN, 40-41
Coca-Cola, 18, 39, 63-64, 92, 106, 110, 137-141, 151

Columbia Sportswear, 136-137
Comstock, Beth, contracapa
Consciência da marca, 10, 155-156
Contadina, 53-54, 136-137
Cooperação e comunicação entre silos, 174-180
Coors, 175-178
Coreia, 87-89
Crayola, 137-138
Crest, 10-11, 140-141, 156-157, 165

D

DC Shoes, 105-106
DeBeers, 78-79, 104-105
Dell, 62, 71, 104, 153-154, 178
Delta Airlines, 68-69
Denny's, 136-137
DeWalt, 168-169
Diferenciador de marca, 67-71
DiGiorno, 74-76
Digital, 175-182
Discovery Channel, 46-47
Disney, 18, 35, 44, 46, 89, 104, 131-132, 155-156
Disney, Walt, 101
Disneyland, 27, 78-79
Docker's, 89-90
Dos Equis, 38-39
Dove, 46, 74-76, 92-94, 97, 136, 158, 162
Dow Corning, 165, 175
Downey Single Rinse, 86-87
Drucker, Peter, 117
Dryer's Slow Churned Ice Cream, 61-62, 64-65, 69-70, 152-153, 156-157
Duracell, 156-157

E

Edison, Thomas, 111
Energia de marca, 135-141

Energizador de marca, 36-37, 137-141
Enquadramento, 74-80
Enterprise-Rent-A-Car, 61-62, 77-78
Equipes e redes entre silos, 175
Equi-Trend, 18-20
Escultura Fluídica, 131-132
Espectro de Relacionamento de Marca, 146-151
ESPN, 10-11
Essência da marca, 27
Extensão de marca, 8, 11-12, 155-163, 181-182
Extensão de marca vertical, 164-171, 181-182
Exxon-Mobil, 18-19, 27, 123-124

F

Facebook, 102-103
Fazer o que sabe fazer, 129-130
FedEx, 102, 135, 139-140, 148-149
FiberOne, 60, 78-79
Fidelidade de marca, 10-11
Ford, 10-11, 16-17, 43-44, 47-49, 53, 61-62, 106-107, 112-113, 177-178
Frito-Lay, 158-159
Funções de silo

G

Gallo, 169-170
GAP, 166
Garcia, Jerry, 59
Gatorade, 77-78, 108-109
GE, 43-44, 48-49, 69-70, 89-90, 129-130, 135, 146-147, 156-157, 165, 169-170
Geek Squad, 61-62, 69-70, 77-78, 86-87
Geely, 168-169
General Mills, 95-96
General Motors, 17-18, 69-70, 152-153

Gerstner, Lou, 119-120
Gerzema, John, 135-136
Gestão de marcas interna, 112-124, 181-182
Ghandi, Mahatma, 67
Gillette, 64, 77-80, 112, 130, 149, 162, 179
Glazer, Rashi, 71-72
Google, 1, 17-18, 45-46, 69-70, 77-78, 135, 178-179
Gucci, 159-160

H

Habitat for Humanity, 139-141
Hallmark, 18-19, 36-37, 40-41, 53-54
Harley-Davidson, 1, 16, 39-42, 54-55, 71, 95-98, 105, 158
Harrah's, 121-122
Healthy Choice, 156-157
Heavenly Bed, 67-68
Heineken, 104-105, 120-121
Heinz, 48-49, 53-54
Herbal Essence, 104-105
Hershey, 156-157
Hilton, 70-71, 150-151
Histórias, 89-90
Histórias clássicas, 121-123
Hobart, 94-95, 105-106
Holiday Inn, 48-49, 169-170
Home Depot, 40, 84-86, 99-100, 105, 139-141, 165
HP, 18-19, 123-124, 175
Hyatt, 55-56
Hybrid Synergy Drive, 69-72
Hyundai, 17-18, 97-98, 131-132

I

IBM, 1, 11, 17-19, 35, 38-41, 48-49, 60, 120, 156-159, 175
IDEO, 62-63

IKEA, 61-62, 157-158
Imperativos estratégicos, 32-33
In-N-Out Burger, 129-130
Inovação, 59-66, 67-73
Intel, 68-69, 165
Interbrand, 17-18
Interesse compartilhado, 91-100
Itens obrigatórios, 59-66

J

Jack Daniels, 17-18
Jacobson, Robert, 135-136
James, Labron, 139-140
JC Penny, 103-104
Jeep, 40-41, 54-55
Jell-O, 77-78
Jergens, 55-56
JetBlue, 60
JiffyLube, 85-86
Jobs, Steve, 15-16, 63-64, 87-88
Johnson & Johnson, 103-104
Joie de Vivre, 36-37
Joint Juice, 62-63

K

Kaiser Permanente, 70-71, 96-97
Karlgaard, Rich, 43
Kashi, 45-46, 135-136, 156-157
Keller, Kevin, 44-45
Keurig, 60
Kevlar, 60
KFC, 112
Kirin, 61-62, 127-128
Kitchenaid, 50-51
K-Mart, 54-55
Kotler, Philip, capa
Kraft, 8, 53, 55-56, 149-150

L

L'Oreal, 84, 149-150

Lacoste, 159-160
Lakoff, George, 74-77
Lancome, 146-147
Lebar, Ed, 135-136
Lee's Jeans, 18-19
LEGO, 135
Levi Strauss, 19, 54, 90, 159, 175-176
Lewness, Ann, contracapa
Lexus, 10, 38, 44, 47-48, 61-62, 75, 169
Lipton, 159-160
London School of Business, 27
Lone Star, cerveja, 48-49
Luna, 60, 89-90

M

M&M's, 78-79
Marca como ativo, 3, 7-14, 181
Marca eixo, 150-151
Marca endossante, 167-169
Marca mestre, 8, 146-150
Marcas de nicho, 150-151
Marcas descritoras, 146-147
Marcas flanqueadoras, 150-151
Marcas geradoras de caixa, 151-152
Marcas poderosas, 89-90
Marriott, 10-11, 45-46, 167-168
Master's Golf Tournament, 38-39
Mayo Clinic, 47-48, 137-138
McCafe, 128-129
McDonald's, 10-11, 17-18, 49-50, 128-129, 139-141, 161-162
McElroy, Neil, 10-11
McKinsey, 38-39
Mercedes, 1, 10-11, 18-19, 36-37, 88-89
Method, 135-136
MetLife, 10-11, 36-37, 39-40, 139-140
Michelin, 36-37, 138-139, 159-160
Microsoft, 18, 39, 41, 64, 121, 150, 153
Miller Lite, 38-39
Millward Brown, 17-18

MINI Cooper, 61-62, 167
Mizik, Natalie, 135-136
Modelos de conduta externos, 84-85
Morton Salt, 20-21
Motivadoras, funções de marca, 146-147
Motivo para não comprar, 130-134
Mr. Clean, 156-157
MSI, 8
Mudando uma estratégia de marca, 111-116
Muji, 38-40, 46, 62, 114, 135

N

Nakamoto, Kent, 71-72
NASCAR, 102, 107-108, 135, 139-140
Nature Valley, 137-138
Nestlé, 90, 131, 148, 152-154, 175-176
Ney, Ed, 176-177
Nike, 10, 18, 60, 85, 102, 128-129, 130-131, 137-140, 146-147, 157
Nordstrom, 32-33, 51, 60-61, 122-123
Nyquil, 156-157

O

Ocean Spray, 146-147
Odwella, 61-62
Oil of Olay, 55-56
Olay, 30-31
Old Navy, 166
Old Spice, 137-138
Oldsmobile, 152-153
OnStar
Opel, 48-49
Oportunista, 87-88
Opus One, 55-56
Oral B, 68-69
Oscar Meyer, 93-94, 138-141
Owens Corning, 139-140

P

P&G, 10-11, 50, 84, 87, 120-123, 129-130, 147-149, 167-170, 172-173, 177-179
Pampers Village, 60, 71-72, 92, 95-96, 105-106, 138-139, 178-179
Panasonic, 27, 50-51, 137-138
Pantene, 89-90, 175-176, 178-179
Paridade, 128-129
Patagonia, 10-11, 50-51, 60-61, 122-123, 135-136
Pauling, Linus, 83
Pedigree, 139-140
Pepsi Cola, 38-39
Pepto-Bismol, 38-39
Perrier, 130-131
Personalidade de marca, 27, 35-42
Peters, Tom, 20-21
PetSmart, 51
Pizza Hut, 167
Planters, 156-157
Ponto certo, 88-89, 91-100
Pontos de prova, 32-33
Porsche, 36-37, 40-41, 53-54, 146-147, 169-170
Portfólio de marcas, 4, 10-12, 145-151, 181-182
Posicionamento de marca, 27, 74-75
Pria, 89-90
Prius, 50-51, 61-62, 64-65, 69-70
Problemas de silos, 11-12, 172-173
Prophet, 1
Propósito maior, 43, 45-47, 49-51
Purina, 152-153

Q

Quaker Oats, 54-55

R

Range brands, 161-162

Red Bull, 40-41, 60-61, 97-98, 107-108, 135
Reeves, Rossor, 114-115
REI, 38-41, 54-55
Relevância de marca, 4, 59-80, 127-134, 181-182
RET, 85-86

S

Sainsbury, 167
Saks Fifth Avenue, 103-104
SalesForce.com, 10-11, 60
Samsung, 88-89, 137-140, 148-149
Schlitz, 15-17
Schultz, Howard, 25
Schwab, 20-21, 40-41, 45-46, 54-55, 60-61, 69-70
Sephora, 56-57, 97-99, 105-106, 138-139, 172-173
ShoeDazzle.com, 104-105
Siebel, 60,
Siemens, 169-170
Silicon Graphics, 61-62
Singapore Airlines, 1, 10-11, 36-37, 60-61, 88-89, 105-106, 113-114, 169-170
SoBe, 61-62
soft spots do cliente, 88-89, 91-100
Sondheim, Stephen, 127
Sony, 63-64, 68-69, 137-138, 158-159
Southwest Airlines, 10-11, 36-37, 46-47, 60-61
Starbucks, 56, 105, 128-129, 135, 140, 156-157, 168
State Farm, 47-48, 139-140
Steele, Elisa, contracapa, iii
Stengel, Jim, ii
Strauss, Charles, 164
Subaru, 53, 113-114
Subcategoria, 59-66, 74-80, 181
Submarca, 146-149, 167, 168-171
Subway, 78-79, 102-103
Sun, 61-62
Sunkist, 159-160
Sun-Maid Raisins, 38-39, 54-55
Superação, 128-129
Swatch, 158-159

T

Talgo, Scott, 35
Tanita, 45-46
Tauber, Edward, 155
TaylorMade, 38-39
TED, 166
Tesla, 92
Thorndike, Edward, 94-95
Tide, 43-44, 156-158, 167-168, 178-179
Tiffany, 10-11, 38-41
Titleist, 56-57
Toms, 50-51
Touchpoint, 85-87
Toyota, 40-41, 50-51, 61-62, 64-65, 69-72, 168-169
Trader Joe's, 15-16
Três ameaças à relevância de marca, 127-134
Tripodi, Joseph, contracapa, 112-113
Trump Towers, 38-39
TurboTax, 53-54

U

Under Armour, 60, 68-69
Unilever, 48-49, 153-154
Uniqlo, 85
United Airlines, 123-124

V

Valores organizacionais, 26, 43-51
Valvoline, 139-140
Vaseline, 55-56
Virgin, 10-11, 36-41, 60-61, 135, 138-139, 156-158

VISA, 10-11
Visão adaptativa, 30-33
Visão central, 26
Visão de marca, 2, 3, 25-34, 181
Visão estendida, 26
Volkswagen, 30-31. 61-62, 169-170
Volvo, 168-169

W

Walmart, 102-103, 132-133, 165, 175
Walton, Rob, 132-133
Wells Fargo, 37, 89, 115, 148-149, 153, 161
Westin Hotel, 67-68

Whole Foods Market, 60-62, 74-78, 114, 135
Williams-Sonoma, 84, 122-123
WPP, 177-179
WSJ, 38-39

Y

Y&R, 85, 135-136, 176-179

Z

Zappos.com, 47-48, 61-62, 65-66, 121-122
Zara, 36-37, 54-55, 61-62
Zipcar, 56-57, 61-62, 78-79, 97-98